dtv
premium

Erster Augenblick

Es dunkelte schon, als Schiller die Tore der kleinen Residenz-stadt erblickt, deren Silhouette nur noch zu erahnen ist. Am frühen Morgen dieses Wintertags war er zusammen mit Wilhelm von Wolzogen in Ilmenau aufgebrochen. Nun reiten sie ein, in die Stadt, über die kaum befestigte Gasse zum Gasthof, wo sie Quartier für eine Nacht nehmen wollen. Hätte Wolzogen nicht von seinen beiden Cousinen erzählt, Schiller wäre, ohne den Umweg über Rudolstadt zu nehmen, schon heute nach Weimar zurückgekehrt. Doch der Dichter sucht seit einigen Monaten eine Frau, denn er weiß, seine Jugend neigt sich dem Ende zu. Die eine Cousine sei schon verheiratet, unglücklich allerdings, hat Wolzogen mit ein wenig Genugtuung erzählt, die andere traure einem Engländer nach, der Europa verlassen habe, um nach Indien zu gehen. Sie kommen an der »Güldenen Gabel« an, steigen vom Pferd und nehmen jeder ein Zimmer. Wolzogen wird sogleich zur Familie von Lengefeld gehen und die Mutter fragen, »Chère Mère« wird sie gerufen, ob er Schiller den drei Damen vorstellen darf.

Der Dichter schaut Wolzogen hinterher, wie er die Neue Gasse entlanggeht zu seiner Tante und den Cousinen Caroline und Charlotte, superklug hat er sie genannt. Schiller ist gespannt und unruhig, wie immer, wenn er eine Frau kennenlernen kann.

Er wartet nicht lange. Wolzogen holt ihn, und schnell sind sie in der Nummer Sieben der Neuen Gasse, wo Hofrat von Beulwitz, Carolines Ehemann, ein Doppelhaus gemietet hat. Die eine Hälfte bewohnt er mit seiner Frau, die andere deren Mutter und die Schwester Charlotte. Nachdem Wolzogen der Chère Mère Schiller vorgestellt hat, ist Caroline schon da, fällt ihrem Vetter um den Hals, küßt ihn stürmisch, wendet sich plötzlich zu Schiller, als wollte sie auch ihn küssen, reicht ihm die Hand und schaut dem Dichter tief in die Augen, daß es ihm schwindelt. Doch in dem Moment erblickt er an der Türschwelle eine schmale Gestalt, es kann nur Charlotte sein. Bevor auch ihre Augen sich treffen können, hat sie ihre schon niedergeschlagen, geht auf den Vetter zu, hält ihm die Wange zum verwandtschaftlichen Kuß hin und reicht Schiller die Hand, schaut kurz nur auf, in seine Augen: »Willkommen«, sagt sie und stellt sich neben die Mutter. Caroline führt die beiden Männer in den Salon, der hell erleuchtet ist und in dem Tee schon bereitsteht. Man setzt sich, die Chère Mère gratuliert Wilhelm zum Geburtstag, den er vor einer Woche in Bauerbach im Haus seiner Mutter Henriette von Wolzogen gefeiert hat.

Wilhelm erzählt, wie Schiller dort aus seinem Schauspiel ›Don Carlos‹ vorgelesen hat und wie sie alle an seinen Lippen gehangen haben, Schillers Schwester Christophine, ihr Ehemann Reinwald, seine Mutter, Schwester Charlotte und deren Bräutigam, Freiherr von Lilienstern. »Ja«, ruft Caroline Schiller zu, »ja lesen Sie uns auch den Carlos vor.« Schiller erblaßt, schaut auf Charlotte, die seinen Blick nicht erwidert, schaut auf Wolzogen, dann auf die Mutter, die darauf hinweist, der Gast sei sicher müde vom langen Ritt. Schiller wendet sich Caroline zu, sie gefällt ihm. Er sieht Charlotte an, denkt, die könnte ich heiraten.

Als Wolzogen und Schiller am frühen Morgen des folgenden Tages die Pferde vor der »Güldenen Gabel« satteln lassen, geht der Dichter einige Schritte die Neue Gasse hinunter, hofft, die Schwestern zu erblicken. Aber das Haus liegt noch im Dunkeln. In ein paar Stunden wollen sie in Weimar sein. Weder die Schwestern noch die beiden Männer ahnen, welche Folgen dieser gestrige Dezemberabend von Rudolstadt für alle haben wird. Wolzogen liebt schon seit langer Zeit seine Cousine Caroline. Da sie aber verheiratet ist, hofft er auf Charlotte. Caroline ist vierundzwanzig, er fünfundzwanzig Jahre alt. Charlotte ist drei Jahre jünger als die Schwester, und Schiller ist mit achtundzwanzig Jahren der älteste des Quartetts, das gestern, nachdem die Chère

Mère zu Bett gegangen war, noch lange beisammensaß. Schließlich hatte Schiller doch noch aus dem ›Carlos‹ vorgelesen. Die jungen Frauen hingen an seinen Lippen, Caroline mit einem inneren Feuer, das sie kaum verbergen konnte und das auch ihre Wangen rötete, ja, ein Dichter, sagte sie sich immer wieder. Charlotte schaute in sich hinein, während er las, blieb blaß, wußte ihre Erregung zu verbergen, vor allem als sie sah, wie entflammt Caroline war.

Als Wolzogen aus dem Gasthaus tritt, steht Schiller in sich versunken da. Wilhelm reicht ihm die Zügel, steigt selbst auf, und schließlich schwingt sich auch Schiller in den Sattel. Sie reiten durch die Neue Gasse, hoffen beide, die Frauen zu sehen, Wolzogen Caroline, und Schiller? Caroline oder Charlotte? Caroline und Charlotte? Als sie das Lengefeldsche Haus erreichen, stehen die Schwestern in Mäntel gehüllt am Gartentor, wollen winken, doch Schiller springt sofort ab, gibt die Zügel Wolzogen in die Hand, geht auf Caroline zu, die ihm die Hand reicht und dann nach kurzem Zögern auch die Wange zum Kuß hinhält. Doch Schiller gibt ihr den Kuß nicht. Charlotte steht neben ihrer Schwester, und obwohl es noch dunkel ist, sieht sie, daß Caroline vergeblich von ihm geküßt werden wollte und nun ihr Zucken im Gesicht bekommt, das sich gestern abend nicht eingestellt hat.

»Wir werden uns wiedersehen«, sagt Charlotte zu Schiller, staunt über sich, drückt ihm die Hand eine Sekunde länger als nötig, und Schiller errötet. Auch Wolzogen ist abgestiegen, verabschiedet sich von den Cousinen, ärgert sich, daß sie kein Auge für ihn haben. Sie stehen noch am Gartentor, als die beiden Männer im Zwielicht des Morgens längst verschwunden sind.

So oder ähnlich könnte es gewesen sein, so könnte sich die Geschichte erzählen lassen. Es ist die Geschichte eines Augenblicks mit Folgen, der das Leben von vier jungen Menschen bestimmen wird. Jedenfalls hat der Dichter den Haushalt von Rudolstadt empfindlich durcheinander gebracht, an jenem Dezembertag des Jahres 1787.

*

Schweigend reiten die beiden Männer nach Norden Richtung Weimar, denn die Geschichte will weiter erzählt werden. Seit einem knappen halben Jahr lebt Schiller in der kleinen Residenzstadt an der Ilm. Dort will er sich einrichten, dort will er reüssieren, doch es fehlt ihm eine Frau zum häuslichen Glück. Denn die Frau, die ihn nach Weimar gelockt hat, ist schon verheiratet, und obwohl sie seit langem ein Verhältnis verbindet, fürchtet er sich auch vor ihr.

Schiller erinnert sich dunkel, die Schwestern Lengefeld vor einigen Jahren in Mannheim schon einmal flüchtig gesehen zu haben. Sie hatten dort mit ihrer Mutter auf dem Rückweg aus der Schweiz Station gemacht. Aber er hatte sie nur kurz gesehen und kein Bild von ihnen weder im Kopf noch im Herzen behalten.

Wolzogen schweigt weiterhin. Er scheint sich immer noch über seine Cousinen zu ärgern und über die Aufmerksamkeit, die sie dem Dichter entgegengebracht haben. Den ganzen gestrigen Abend haben sie nur Augen für ihn gehabt. Er ist eifersüchtig, dabei ist der, der vor ihm reitet und dabei eine eher

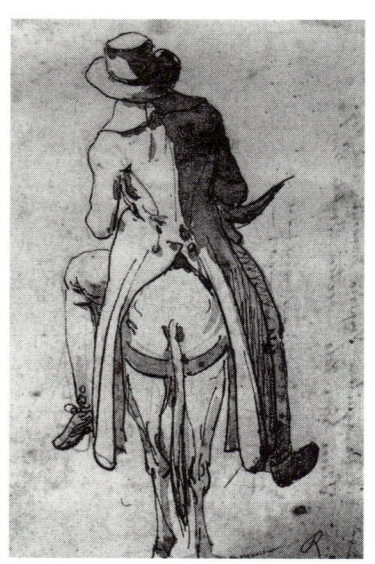

Friedrich Schiller und Wilhelm von Wolzogen auf Eseln

klägliche Figur abgibt, doch nur ein Dichter, zudem ohne Adel. Sie kennen sich schon aus Stuttgart. Wolzogen war wie Schiller Schüler der Militärakademie des Herzogs Carl Eugen von Württemberg, ist aber drei Jahre jünger. Und schließlich hatte Schiller auf dem Gut von Wilhelms Mutter in Bauerbach Zuflucht gefunden, war von ihr unterstützt worden und hat immer noch Schulden bei ihr. In seine Schwester Charlotte hatte er sich damals heftig verliebt, ihr gar einen Heiratsantrag gemacht. Eine peinliche Affäre. Erst die Mutter mußte Schiller darauf aufmerksam machen, daß ihre Tochter keineswegs in ihn verliebt sei.

In Bauerbach hatte sich noch eine Verbindung zu einer anderen Charlotte angeknüpft, zu der er aber erst in eine Leidenschaft verfiel, nachdem sie geheiratet hatte, Charlotte von Kalb. Die lebte nun in Weimar. Bei ihr würde Schiller in wenigen Stunden wieder sein. Aber die Gedanken gehen zurück nach Rudolstadt, zu den beiden Schwestern. Die eine ist hübsch, die andere ist anziehend. Charlotte eine Frau zum Heiraten, Caroline eine Frau für die Liebe. Auch ist er Charlotte von Kalbs ein wenig überdrüssig geworden nach einer Liaison von nunmehr vier Jahren, zumal sie sich nicht von ihrem Mann trennen kann. Ihretwegen war er nach Weimar gegangen. Sie hatte sein Herzklopfen gemindert, als er der Herzogin Anna Amalia sowie den »Riesen von Weimar«, den Dichtern Wieland und Herder, vorgestellt wurde. Sie hatte ihn in die Weimarer Gesellschaft eingeführt. Schiller und Charlotte von Kalb galten in der klatschsüchtigen Kleinstadt als ein Paar, ein illegitimes, was die Neugier der anderen nur noch mehr anstachelte. Bei ihr und mit ihr hatte der Dichter manche Stunden verbracht, lange Stunden, Stunden voller Lust, Anregung, aber auch Zwist.

Wie würde er ihr begegnen können, wo er nun zwei andere Frauen im Kopf hatte? Doch die eine war ja ebenfalls verheiratet, und er suchte dringend eine Frau zum Heiraten. Also kam nur die Schwester, nur Charlotte in Frage. Vielleicht ließe es sich aber so arrangieren, daß er die eine liebte und die andere heiratete. Eine Liaison à trois, zumal Caroline, das wußte er von Wolzogen, das Bett mit ihrem Ehemann nicht teilte. Er würde den

Schwestern schreiben, vielleicht bald wieder nach Rudolstadt gehen. Im Schatten dieser beiden Frauen, die immer für ihn da wären, würde er auch dichten können, da war er sich sicher. Sie würden ihn verwöhnen, Caroline mit ihren feurigen Blicken, Charlotte mit ihrer Aufmerksamkeit. Sie hatte ihm Tee nachgeschenkt, hatte ihm Gebäck gereicht und die Obstschale mit den Winteräpfeln hingehalten. Caroline würde ihm eine unentbehrliche Gesprächspartnerin sein, sie hatte viel gelesen, Literatur, Philosophie, Reiseerzählungen, sie hatte Esprit, sie hatte Witz und Leidenschaft in ihren Aperçus. Charlotte würde schweigend dabeisitzen, Gesellschaft leisten, Tee servieren.

Ja, Charlotte, das feine, schmale Gesicht, von lockigem Haar eingerahmt, die hagere Gestalt, ihre feingliedrigen Hände, die die Tasten des Klaviers zu streicheln wußten. Caroline, ein wenig mollig, sinnlich, die Brüste unter dem Brusttuch kaum verborgen, aus ihren Augen kamen Blitze, die sie in seine Augen geleitet hatte, die ihn tief trafen, ihn die Kalb vergessen machten. Caroline würde seine Mattheit in Liebesdingen verscheuchen können.

Als Schiller und Wolzogen in Weimar am Freitagnachmittag ankommen, trennen sie sich ein wenig frostig. Schiller sucht seine Stube in der Frauentorstraße auf, wo er seit knapp fünf Monaten, seit Juli 1787, lebt, nur wenige Meter entfernt von Goethe, der aber noch in Italien weilt. Eine erste Woche hat er im Gasthof »Zum Erbprinzen« genächtigt, bis ihm Charlotte von Kalb diese Behausung vermittelt hat, damit sie ihn in ihrer Nähe habe. Schiller ist in der Hand der Kalb, aber welche Zukunft soll ihm das verheißen?

Heiratspläne – Heiratssucht

Kaum war Friedrich Schiller in Weimar zurück, schrieb er an seinen Freund Körner und vergaß auch nicht, den Besuch bei den Schwestern von Rudolstadt, das er »Rudelstadt« nannte, zu erwähnen. Er gab ihm Rapport. Charlotte von Kalb habe Weimar verlassen gehabt, war auf ihr Gut Kalbsrieth gefahren. Da habe er eine Einladung nach Bauerbach erhalten, so daß »ich meinen Interims-Witwerstand in Weimar endlich aufopfern mußte«. Schiller fühlte sich plötzlich, da seine Geliebte fort war, allein, zudem befand er sich in einem Wartestand. Der Dichter hatte einige Monate zuvor sein Schauspiel ›Don Carlos‹ beendet, das ihn viel Kraft gekostet hatte. Er beschloß, sich nunmehr von der Dichtung abzuwenden, sich der Geschichtsschreibung zuzuwenden. Dabei wußte er nicht genau, was er eigentlich wollte. Zum anderen wartete er darauf, daß sich ein gemeinsames Leben mit Charlotte von Kalb doch noch einrichten ließe. Er hatte einen Brief an ihren Ehemann geschrieben, um ein Arrangement zu erreichen, das ihm erlaubte, mit seiner Zustimmung mit ihr zusammenzuleben. Doch eine Antwort war ausgeblieben. Und so hatte er in einem anderen Brief an Körner fragend konstatiert: »Charlottes Verfassung ist dieselbe wie ich hierher kam – warum wär' ich also hier gewesen«, so als wäre er allein ihretwegen nach Weimar gekommen. Also sah sich Schiller auch anderweitig nach einer Frau um, mit der er leben könnte, und hatte die zwei Schwestern in Rudolstadt getroffen. »Eine Frau von Lengefeld lebt dort«, berichtete er Körner nun, »mit einer verheurateten und einer noch ledigen Tochter. Beide Geschöpfe sind, ohne schön zu sein, anziehend und gefallen mir sehr.« Mehr sagte er nicht, aber auch nicht

11

weniger, erwähnte aber wenige Zeilen später in diesem Brief vom 8. Dezember auch Charlotte von Kalb, die er sofort am Tag nach seiner Rückkunft aus Rudolstadt aufgesucht hatte, doch ihr Mann war auch zugegen. »Sie ist gesund und aufgeweckt. Ich weiß nicht, ob die Gegenwart des Mannes mich lassen wird wie ich bin. Ich fühle in mir schon eine Veränderung, die weiter gehen kann«, und meinte damit, daß er endlich versuchen wollte, sich innerlich von Charlotte von Kalb loszusagen und einer anderen Frau zuzuwenden. Und da er immer, wenn er in einer Krise war und nicht weiter wußte, einen Rettungsanker suchte, sprach er gegenüber Körner von Heirat. Nachdem er diesem schon den ganzen letzten Herbst über von den Frauen in Weimar geschrieben hatte, die er in Augenschein genommen hatte, so von der Schauspielerin Corona Schroeter und von einer »kostbaren Demoiselle« Schmidt, deren »ungemein weißer und feiner Teint« ihn beeindrucke und an ein »Pastellgemälde« erinnere, gab er ihm nun Meldung von einer möglichen Braut, Wilhelmine, einer Tochter Wielands, die er indes noch nie gesehen hatte. »Ich glaube Wieland kennt mich noch wenig genug, um mir seinen Liebling, seine zweite Tochter nicht auszuschlagen, selbst jetzt nicht, da ich nichts habe.« Schiller meinte offensichtlich, würde Wieland ihn besser kennen, nämlich so, wie er nun einmal war, leicht aufbrausend, zur Hypochondrie neigend, immer wieder kränkelnd, bisweilen gar depressiv, würde er ihm seine Tochter Wilhelmine nicht zur Frau geben. Hingegen glaubte er nicht, daß seine Poetenarmut hinderlich wäre. Weiter hatte er noch geschrieben: »Das Mädchen kenne ich nicht, gar nicht, aber siehst Du, ich würde sie ihm heute abfordern, wenn ich glaubte, daß ich sie verdiente.« Immer wieder plagten Schiller Selbstzweifel, die bis zur Selbsterniedrigung führten, ob er denn verdiene, was er sich wünsche, fühlte er sich doch nicht reif, nicht gefestigt, nicht anerkannt, nicht gesellschaftsfähig genug, um zu heiraten, jetzt gar einzuheiraten in die Weimarer Familie der Dichter und Denker am herzoglichen Hof.

»Es ist sonderbar, ich verehre, ich liebe die herzliche, empfindende Natur, und eine Kokette, jede Kokette kann mich fesseln. Jede hat eine unfehlbare Macht auf mich, durch meine Eitelkeit und Sinnlichkeit. Entzünden kann mich keine, aber beunruhigen genug.« Dieses Fazit seiner bisherigen siebenjährigen Erfahrungen mit Frauen hatte Schiller zu einem kleinen Manifest seiner Liebesfähigkeit veranlaßt, und zwar drei Wochen bevor die Schwestern von Rudolstadt in sein Leben traten.

Aber suchte Schiller nun die kokette Frau, die ihn fesseln würde, da sie seine Sinnlichkeit anregen könnte, ihn aber zugleich beunruhigen würde, oder suchte er eine weniger kokette Frau, die ihn zwar auch fesselte, aber nicht Beunruhigung, sondern Ruhe geben würde? In den nächsten Jahren wird er zwischen zwei Frauen leben, deren eine seine Sinnlichkeit anspornen, deren andere versuchen wird, ihm Ruhe zu verschaffen, zwischen den Schwestern von Lengefeld. Im November 1787 wußte Schiller noch eine präzise Antwort gegenüber Körner auf die Frage, wie die Frau beschaffen sein muß, die er heiraten will: »Bei einer ewigen Verbindung, die ich eingehen soll, darf Leidenschaft nicht sein, und darum habe ich mich bei diesem Fall verweilt« und meinte wiederum die Tochter Wielands: »Ich kenne weder das Mädchen, noch weniger fühle ich einen Grad von Liebe, weder Sinnlichkeit noch Platonismus – aber die innigste Gewißheit, daß es ein gutes Wesen ist, daß es tief empfindet und sich innig attachieren kann, mit der Rücksicht zugleich, daß sie zu einer Frau vortrefflich erzogen ist, äußerst wenige Bedürfnisse und endlich viel Wirtschaftlichkeit hat.«

Schiller ist achtundzwanzig Jahre alt. Zwei Jahre will er sich noch geben. Mit dreißig will er verheiratet sein. Und er wird es sein. So also soll die Ehefrau sein: Tief empfindend, innig sich verbunden fühlend, dazu bereit, sich selbstlos an einen Mann zu ketten, dabei gut erzogen, das heißt rücksichtsvoll, nicht einengend und fordernd, wenig Bedürfnisse soll sie haben und sparsam den Haushalt führen, die Ehefrau eine gut umsorgende Hausfrau, eine bessere Dienstmagd. Keine Liebe, keine Leidenschaft, die könnten das tägliche Leben und das

Werk, das er schaffen will, empfindlich stören und beeinträchtigen.

Wer aber kommt in Frage? Welche Frau ist so? Welche war so in seinem bisherigen achtundzwanzigjährigen Leben?

In der Hand der Frauen

Schiller sei ein Mann unter Einfluß der Frauen gewesen, hat Goethe nach dessen Tod mit einer Spur von Verachtung gemeint, da er selbst sich diesem immer hat entziehen und im rechten Moment vor den Frauen, die ihn an sich binden wollten, hat fliehen können.

Welche Frauen aber waren bis zu jenem Dezembertag des Jahres 1787, als er den Schwestern von Rudolstadt begegnet war, in Schillers Leben getreten? Nachdem er im Dezember 1780 aus der Carlsschule entlassen worden war, die zwar ein Gefängnis für ihn gewesen war, die ihn aber zugleich umfassend gebildet hatte, und in deren Mauern er schon sein Schauspiel ›Die Räuber‹ begonnen hatte, lebte er in Stuttgart als Regimentsarzt. Er mußte weiterhin Uniform tragen und durfte die Stadt nicht verlassen. Abends bis in die tiefe Nacht hinein führte er mit einigen Freunden jedoch ein wüstes Gasthausleben, soff, schnupfte und soll auch zu Huren gegangen sein.

> Ich bin ein Mann! Wer ist es mehr?
> Wer's sagen kann, der springe
> Frei unter Gottes Sonn' einher
> Und hüpfe hoch und singe.

Schiller faßte seinen jugendlichen Übermut in diese ersten Zeilen des Gedichts ›Männerwürde‹. Sein Freund Johann Wilhelm Petersen, der ebenfalls die Carlsschule besucht hatte und dann Bibliothekar an der herzoglichen Bibliothek wurde, berichtet in seinen Erinnerungen von den allabendlichen Ausschweifungen: »Ein Schnupfer wie Schiller war nicht leicht zu finden. Hatte er bisweilen keinen Tabak, so kitzelte er seine Geruchsnerven mit Staub.

Mehrere waren Zeugen, daß er während eines einzigen Bei-schlafs, wobei er brauste und strampfte, 25 Prise Tabak schnupf-te – in die Nase nahm.«

Und wohl mir, daß ich darf und kann!
Geht's Mädchen mir vorüber,
Rufts laut in mir, du bist ein Mann!
Und küsse sie so lieber.

Und röter wird das Mädchen dann,
Und's Mieder wird ihr enge.
Das Mädchen weiß ich bin ein Mann,
Drum wird ihr's Mieder enge

So reihte Schiller Zeile an Zeile in das Gedicht über die »Männer-würde«, die für ihn Rausch von Freiheit und Jugend ausmachte. Ein anderer Freund, Georg Friedrich Scharffenstein, erinnert sich, daß der junge Arzt, der Dichter sein will, nicht nur mit allen möglichen Mitteln einen Rauschzustand herbeizuführen suchte, sondern es mit Soldatenweibern »auch en compagnie« trieb. Der Frauenlose, der bis dahin nur unter Männern gelebt hatte, fragte sich in der neu errungenen Freiheit, was eine Frau überhaupt sei? Und so wollte er die Welt der Frau erkunden und die Frau an sich entdecken, doch: »Schiller liebte im Grunde die Weiber nicht«, diagnostizierte sein Freund Scharffenstein.

Nachdem Schiller die ersten Monate als Arzt eines Invaliden-regiments in der Kaserne gelebt hatte, quartierte er sich mit einem Freund, dem Major Franz Josef Kapf, bei der Haupt-mannswitwe Louise Dorothea Vischer ein, die einen Teil ihrer Wohnung vermietete. Sie wurde Schillers Muse. Mit ihr hatte er ein heftiges erotisches Verhältnis, zumindest in der Imagination. Sie war um einige Jahre älter als er. Petersen schildert sie als ein »an Geist so an Gestalt gänzlich verwahrlostes Weib«, Scharffen-stein hingegen findet sie »gutmütig, anziehend, pikant«. Sie wird Schiller in die Wirren der Liebe eingeführt haben und inspirierte ihn zu einigen sinnlich-ekstatischen Gedichten, den ›Oden an Laura‹. Die ist indes nicht wie die Laura Petrarcas keusch und

Friedrich Schiller, 1782

unnahbar. Während diese den italienischen Dichter in einer aske-
tischen Abhängigkeit gefangengehalten hat, hält die Stuttgarter
»Laura« Schiller in einer sinnlich-sexuellen.

> Ewig starr an Deinem Mund zu hangen,
> Wer enträtselt dieses Wutverlangen?
> Wer die Wollust, Deinen Hauch zu trinken,
> In Dein Wesen, wenn sich Blicke winken,
> Sterbend zu versinken?

So fragt sich in dem Gedicht ›Das Geheimnis der Reminiszenz‹
der liebes- und wollustunerfahrene junge Schiller und ist gefangen in den erprobten Händen und mehr einer Frau, die ihm aber
ein Rätsel bleibt.

> Und was ist's, das, wenn mich Laura küsset,
> Purpurflammen auf die Wangen geußt,
> Meinem Herz raschern Schwung gebietet,
> Fiebrisch wild mein Blut von hinnen reißt?

17

Aus den Schranken schwellen alle Sennen,
Seine Ufer überwallt das Blut,
Körper will in Körper über stürzen,
Lodern Seelen in vereinter Glut.

»Ja was ist's«, fragte sich Schiller verwundert und fast erschrokken über die Wonnen und Wirren der Liebe. So wüst das Leben
in dieser Zeit und in dieser »Phantasie an Laura« auch gewesen,
so sehr alle Sinne und alles Sehnen auch geschwollen sein mögen und sich Körper in Körper stürzen will, sei es im Gedicht
oder wirklich in den Armen seiner Wirtin, so sehr er seinen Körper mit allen möglichen Rauschmitteln auch maltraitiert und
wie ungeliebt Schiller zugleich den militärärztlichen Dienst versah, in diesen Monaten des ausschweifenden Lebens entstand
nicht nur eine Folge von Gedichten, er beendete auch sein
Schauspiel ›Die Räuber‹. Am 13. Januar 1782 kam es in Mannheim zur Uraufführung in Anwesenheit des Dichters, der heimlich und ohne Erlaubnis des Herzogs aus Stuttgart entwichen
war. Ein Tag, der Theatergeschichte für alle Zeiten schreiben
wird. Das Schauspiel der Epoche hat das Licht der Bühne erblickt, das eine Sehnsucht ausspricht, das zum Kult wird, das in
ganz Deutschland gelesen wird. Schiller ist Dichter, Schiller ist
der Dichter der ›Räuber‹, das wird sich in den nächsten Jahren in
Deutschland herumsprechen. Jeder wird ihn kennen.

Vier Monate später war der Dichter erneut ohne Reiseerlaubnis nach Mannheim aufgebrochen, um seine ›Räuber‹ ein weiteres Mal zu sehen. Diesmal begleiteten ihn seine Zimmerwirtin
und Henriette von Wolzogen, eine wie Dorothea Vischer etwas
ältere Frau, in deren Nähe er sich sonnte und wohlfühlte. Ihnen
wollte er die Stätte seines Triumphes voller Stolz zeigen und
führte zwischen ihnen drei Tage lang ein heiteres Leben. Doch
die geheime Reise wurde von einer der beiden Frauen ausgeplaudert, woraufhin Herzog Carl Eugen wegen des unerlaubten
Entfernens nach Mannheim vierzehn Tage Arrest und später auch
ein Schreibverbot über Schiller verhängte. Nun bestand keine
Aussicht mehr, in Stuttgart ein Dichterleben zu führen. Und so

floh der Leibeigene des Herzogs mit seinem ihm ergebenen Freund Johannes Andreas Streicher nach Norden. Der dichtende Arzt war nun ein Deserteur. »Ausgewichen« war im Buch seines Regiments zu lesen. Über Mannheim, Darmstadt, Frankfurt und Oggersheim gelangte Schiller nach einer Irrfahrt Anfang Dezember 1782 in die Obhut Henriette von Wolzogens, die ihm auf ihrem thüringischen Gut Asyl gewährte. Sie war vierzehn Jahre älter als Schiller und mit dreißig schon Witwe geworden, Mutter von fünf Kindern. Sie war durch ihren Sohn Wilhelm vom »Räuber-Fieber« angesteckt worden. Nun bot sie ihm als Ziel seiner Flucht ihr Anwesen in Bauerbach bei Meiningen an. Sie beschützte ihn, sie finanzierte ihn, lieh ihm Geld, mußte dafür gar ein Darlehen beim Bauerbacher Geldleiher Israel aufnehmen. Sie führte sein Leben, war der Rettungsring in einer für ihn aussichtslosen und bedrohlichen Situation.

*

Acht Monate wird Schiller auf dem Gut des Dreihundertseelendorfes Bauerbach verbringen, in einer Einsamkeit, die er nicht kannte, hatte er doch bis dahin immer in der Gegenwart anderer Menschen gelebt, zuerst der Eltern, dann der Mitschüler und zuletzt der Stuttgarter Freunde. In den ersten Wochen genoß er die ländliche Idylle und nutzte das Alleinsein für seine Dichtung, schrieb an dem Schauspiel ›Luisa Miller‹, das später den Titel ›Kabale und Liebe‹ tragen wird, und begann mit dem ›Don Carlos‹ ein weiteres Drama, hatte, wie er schrieb, den Carlos »statt eines Mädchens«. Doch bald wurde ihm die Stille zur Last, ja zur Qual, da Henriette von Wolzogen in Stuttgart geblieben war. Er geriet in Panik, lief in seiner Kammer auf und ab, stieß gegen die Wände, lief hinaus in den Wald oder in den Gasthof »Zum braunen Roß«, wo er zwar zu trinken fand, doch keinen Menschen, dem er sich zuwenden konnte. Nur der Bibliothekar aus dem nahen Meiningen, Friedrich Reinwald, zweiundzwanzig Jahre älter als er, war ihm gelegentlich Gesprächspartner und versorgte ihn mit Lesestoff und Zeitungen. »Wenn ich meinen Namen in der

Henriette von Wolzogen

Zeitung lese, so erfahre ich doch, daß ich noch lebe.« Die Idylle von Bauerbach war eben Exil, war auch öde, war für einen jungen Dichter, der die Welt und die Kunst erobern wollte, ein Abseits, aus dem er sich heraussehnte. Doch noch mußte er bleiben, denn wohin sollte er auch gehen, da der Rückweg nach Stuttgart versperrt war und sich kein anderes Ziel anbot?

Da besucht zu Neujahr 1783 Henriette von Wolzogen ihr Gut und bringt ihre siebzehnjährige Tochter Charlotte mit. Für drei Wochen sitzt Schiller zwischen zwei Frauen, der Mutter ist er herzlich zugetan, in die Tochter seiner Gönnerin und Beschützerin verliebt er sich.

Nach drei Wochen reisen die beiden Frauen zurück nach Stuttgart und die Einsamkeit hat Schiller wieder, die nun noch gewachsen ist, ihm einen Mangel offenbart, fehlt doch eine Frau an seiner Seite, oder zwei. »Eine schöne Seele« nennt er Tochter Charlotte, »noch ganz wie aus den Händen des Schöpfers, unschuldig, die schönste weichste empfindsamste Seele«, idealisiert die strenge kühle Schönheit, »und noch kein Hauch des allgemeinen Verderbnisses am lautern Spiegel ihres Gemüts.«

20

Als Mutter Wolzogen für den Mai des Jahres einen weiteren Besuch mit ihrer Tochter ankündigte, aber auch deren Verlobten mitbringen wollte, geriet Schiller außer sich vor Eifersucht, drohte damit, sie nie wieder zu sehen, sie zu verlassen, nach Berlin oder gar nach Amerika zu gehen. Schließlich kamen Mutter und Tochter ohne den von Schiller so beargwöhnten Konkurrenten um die Hand Charlottes.

Kaum sind sie in Bauerbach eingetroffen, buhlt Schiller um ihre Liebe, sie aber weist ihn ab und doch läßt der Liebeskranke nicht von ihr ab. Ein kurzes Liebesdrama findet statt, mit allen Zutaten, die ein solches Drama benötigt. Eines Tages spricht Mutter Wolzogen ein Machtwort und bittet ihren Zögling Schiller darum, Charlotte nicht mehr den Hof zu machen. Sie nämlich liebt den Dichter.

In Bauerbach tritt im Januar 1783 auch eine andere Frau in Schillers Leben, die ihm anonymerweise einen Dichterlorbeerkranz schickt und die ihn knapp zwei Jahre später in eine tiefe, kaum entrinnbare Liebe stürzen wird. Sie ist eine Nichte seiner Mäzenin, die einundzwanzigjährige Charlotte Marschalk von Ostheim, die später den Offizier Heinrich von Kalb heiraten wird. Noch aber hat Schiller kein Auge für sie, noch ist er von der Tochter Wolzogen betört. Die eine Frau verdeckt eine andere.

Als der Mannheimer Intendant Heribert Dalberg Schiller bat, ihm das Schauspiel ›Luisa Miller‹, das der Dichter in Bauerbach geschrieben hatte, zur Aufführung zu überlassen, kehrte Schiller seinem Asyl von fast acht Monaten sofort den Rücken, erst einmal auf Zeit, wie er Henriette von Wolzogen versichert, verließ auch sie und vergaß schnell die Tochter, um deren Hand er gerade noch angehalten hatte. Er eilte nach Mannheim und hinterließ beträchtliche Schulden bei seiner Gönnerin, die noch lange um den Mann trauern sollte, den sie wieder an das Theater und an die Dichtung verloren hatte.

*

21

In Mannheim wurde Schiller am 1. September 1783 festangestellter Theaterdichter, erkrankte indes einen Tag später schwer an Malaria, was bleibende Folgen haben sollte. Sowohl sein Schauspiel ›Die Verschwörung des Fiesco zu Genua‹, als auch ›Kabale und Liebe‹ wurden in Mannheim aufgeführt, das zweite Stück mit großem Erfolg. Schiller hatte ein erstes großes Ziel seines Lebens erreicht, er war ein anerkannter Bühnenautor. »Im Theater geh ich ein und aus«, berichtete er der Freundin Henriette von Wolzogen, die nun auf ihrem Gut in Bauerbach ohne den Dichter lebte. Er genoß das Theaterleben und genoß es, von den Schauspielerinnen umgarnt zu werden. »Töchter der Wollust« nannte er sie, verliebte sich zuerst in die Darstellerin der Amalie aus den ›Räubern‹, die siebzehnjährige Karoline Ziegler, die indes bald einen Schauspieler heiratete, daraufhin in Katharina Baumann, die Darstellerin der Luisa Miller. Seine Bühnenfiguren sollten auch seine Geliebten werden. Der Baumann schenkte er ein Amulett mit seinem Portrait, das sie zwischen den Brüsten trug. Er wich kaum noch von ihrer Seite, so daß in Stuttgart das Gerücht umging, er habe eine Schauspielerin geheiratet. Ein Freund meldete aus der schwäbischen Residenzstadt: »Will Dir's nur sagen, man schwatzte närrisches Zeug von Dir! Einmal hieß es: Du seiest Professor in Marburg, ein andermal: Du habest Dich mit einer Comödiantin verheurasselt, ein drittesmal, Du seiest rasend geworden.« Auch Vater Schiller, der den Lebenswandel seines Sohns nicht billigte, fragte besorgt, ob er wirklich eine Schauspielerin geheiratet habe. Nein, eine andere Frau war dazwischengetreten. Zudem hatte der Mannheimer Intendant Schiller plötzlich das Vertrauen entzogen und den Vertrag als Bühnendichter über das eine Jahr hinaus nicht verlängert. Schiller blieb in Mannheim, ein Theaterdichter ohne Theater. Er ging nicht mehr wie bisher täglich im Schauspielhaus ein und aus, und das heitere Leben mit den Töchtern der Wollust war plötzlich auch zu Ende. Doch nun gab er sich einer Frau hin, die ihn über viele Jahre hinweg in ihren Bann ziehen sollte, bis die Schwestern von Rudolstadt in sein Leben traten.

*

Jene Charlotte, die ihm einen Dichterlorbeer nach Bauerbach geschickt hatte, war inzwischen mit dem Major von Kalb verheiratet und hatte im Sommer 1784 auf Empfehlung des Meininger Bibliothekars Reinwald Schiller in Mannheim aufgesucht. Sie schrieb über den ersten Augenblick ihres Treffens: »Im Laufe des Gesprächs rasche Heftigkeit, wechselnd mit sanfter Weiblichkeit, und es weilte der Blick von hoher Sehnsucht beseelt.« Eine Liebe auf den ersten Blick war geboren. Die dreiundzwanzigjährige Charlotte hatte in ihrer Kindheit und Jugend ein Leseleben gelebt, und in die Welt der Bücher war nun ein lebender Dichter eingetreten, dem sie sich sehnsuchtsvoll hingab. Wenige Wochen nach dem ersten Blick der Augen aufeinander, ließ sich Charlotte von Kalb in Mannheim nieder. Ihr Mann war als Major der französischen Armee in Landau stationiert. Selten nur besuchte er seine Frau, und so entspann sich zwischen ihr und Schiller eine Liaison, die heftig-leidenschaftlich begann und in eine Fast-Abhängigkeit des Dichters mündete, der er sich erst wenige Tage, bevor er eine andere heiraten sollte, entwinden konnte. Charlotte von Kalb führte ein offenes Haus. Nun ging Schiller hier ein und aus, und bald hatte Charlotte von Kalb ihn in der Hand, führte ihn aber auch an der Hand, machte ihn mit Herzog Carl August von Sachsen-Weimar bekannt, als der im nahen Darmstadt weilte, wo Schiller ihm den ersten Akt seines neuen Schauspiels ›Don Carlos‹ vorlas. Ein Faden war gesponnen.

Doch für Schiller war aufgrund der unerträglichen Situation mit dem Theater, wo man ihn inzwischen gar auf der Bühne in einer Posse als Dichter »Flickwort« öffentlich verspottet hatte, kein Bleiben in Mannheim; allein Charlotte von Kalb, üppige Schönheit mit verführerischem, tief seelenvollem Blick in das Herz des Mannes, konnte ihn dort noch eine Weile halten. Aber sie war verheiratet, war nicht zu heiraten. Im Gedicht ›Freigeisterei der Leidenschaft‹, nannte er ihre Heirat »des Zufalls schwere Missetat«, die sie »in fremde Fesseln zwang«. Dabei war er ihr schon so nah gekommen. Sie hatte seine Leidenschaft geschürt:

Jetzt schlug sie laut die heißerflehte Schäferstunde,
Jetzt dämmerte mein Glück –
Erhörung zitterte auf deinem brennenden Munde,
Erhörung schwamm in deinem feuchten Blick,
Mir schauerte vor dem so nahen Glücke
Und ich errang es nicht.

»Das Herz war *mein*, das du vor dem Altar verloren«, beschwor er in dem Gedicht noch einmal die Geliebte, der er vorwarf, als »Sünderin« mit der Heirat einen Meineid geschworen zu haben, aber vergeblich. Das Leben mit ihr besaß keine Perspektive. »Eine Freigeisterei der Leidenschaft« gab es nur im Gedicht. Die allgemeine Beschränkung, die Konvenienz verboten sie im wirklichen Leben, und so zog der Liebhaber die Konsequenz: »Nein – länger werd ich diesen Kampf nicht kämpfen … Geschworen hab ich's, ja ich habs geschworen, mich selbst zu bändigen.«

Schiller ist fünfundzwanzig und sucht einen Weg für das weitere Leben. Und er wird sich bändigen, die Liebe fliehen, Verzicht tun. Statt dessen wird er Freundschaft suchen, denn ein weiblicher Freund sei kein Freund, stellt er fest. Er erinnert sich an einen Brief, der ihn vor sieben Monaten Ende Mai 1784 in Mannheim erreicht hat. »Aus Leipzig wurden mir von vier unbekannten Personen Pakete und Briefe geschickt, die voll Enthusiasmus für mich geschrieben waren und von Dichteranbetung überflossen. Sie waren von vier Portraits begleitet, worunter zwei schöne Frauenzimmer sind.« Zwei Männer und zwei Frauen boten ihm Verehrung und Freundschaft an und luden ihn ein, zu ihnen zu kommen.

Freundschaft statt Liebe

Die siebenundzwanzig Monate, die Schiller in Sachsen verbringen wird, liefern ihm nicht nur Anregungen für sein Werk, vor allem entsteht dort eine Freundschaft fürs Leben, jedoch nicht mit einem der beiden »Frauenzimmer« oder auch beiden, sondern mit Christian Gottfried Körner. Er hatte den Dichter gebeten, nach Leipzig zu kommen, sorgte nun für ein materiell sorgenfreies Leben und beglich alte Schulden Schillers, so daß Charlotte von Kalb, obwohl sie sehr unter der Trennung von ihrem Dichter litt, schrieb: »Wie sehr freut mich Ihrer jetzigen Existenz – Ihr Dasein fließt unter der Sorge Ihrer Freunde dahin. Sie erleichtern Ihnen die Ökonomie Ihrer Bedürfnisse!«, aber eben nur die, so hoffte sie vielleicht, fügte noch an, »Verschwenden Sie« und brach mitten im Satz den Brief ab.

»Endlich bin ich hier«, hatte Schiller schon am Tag seiner Ankunft an Ludwig Ferdinand Huber geschrieben, der ihn sogleich in den Freundschaftsbund aufnahm. Dieser bestand neben ihm aus seiner Verlobten Dora Stock, ihrer Schwester Minna und deren Verlobten Christian Gottfried Körner. Freundschaftsbünde waren in jenen Jahren zu einem Kult geworden. In ihnen begegnete man sich offen, ehrlich und schwärmerisch in aller Tugend, weshalb sie sich selbst manchmal auch Tugendbünde nannten. Sie waren eben die tugendhafte deutsche Version französischer Libertinage.

Schon im ersten Brief aus Mannheim an Körner vom 22. Februar 1785 hatte Schiller diesen Bund mit Menschen, die er von Angesicht noch gar nicht kannte, die aber seine Eitelkeit gekitzelt hatten, ausgemalt: »Innige Freundschaft, Zusammenschmelzung aller Gefühle, gegenseitige Verehrung und Liebe,

Verwechslung und gänzlicher Umtausch des persönlichen Interesses sollen unser Beieinandersein zu einem Eingriff ins Elisium machen«, formulierte er geradezu das Programm eines solchen Freundschaftsbundes. »Ich will Leipzig zum Ziel meiner Existenz machen«, gab er den Freunden, von denen er nur ein Bild kannte, bekannt. Bevor er sich endlich von Mannheim und Charlotte von Kalb lösen konnte und in dieses »Elisium« aufbrach, hatte schon der Briefwechsel mit Huber und Körner zu einer Freundschaft in Entfernung geführt. »So haben sich unsere Seelen trotz aller Entfernung gefunden, wir sind Freunde«, schrieb Schiller nach Leipzig, obwohl sich in Charlotte von Kalb und Schiller zwei einander Liebende doch schon gefunden hatten, für deren Liebe es aber keine Aussicht auf Dauer gab. »Davon scheiden mich Konvenienz und Situationen«, hatte der Dichter geschrieben und fuhr in demselben Brief an Körner fort: »Ich kann nicht mehr in Mannheim bleiben. In einer unnennbaren Bedrängnis meines Herzens schreibe ich Euch.« Vor allem krankte das Herz an der aussichtslosen Liebe zu Charlotte von Kalb. Aber auch die Situation am Theater und die erfolgte Kündigung hatten ihn in eine tiefe Depression gestürzt: »Menschen, Verhältnisse, Erdreich und Himmel sind mir zuwider«, schrieb er weiter an Körner, und »zwölf Tage habe ich's in meinem Herzen herumgetragen, wie den Entschluß aus der Welt zu gehen«, aber Anfang April 1785 verließ Schiller nicht die Welt, sondern nur Mannheim und nahm, nachdem er Körner noch um einen Reisekostenvorschuß gebeten hatte, seine Einladung nach Leipzig an. Es war eine Flucht in ein Wunsch-Paradies. Dort fand er vier Menschen, die ihm, dem Dichter, als Dichter zugetan waren. Das beflügelte ihn, seine »poetische Ader stockt« nicht mehr wie zuletzt in Mannheim. Er würde den ›Don Carlos‹ beenden und neben anderen Gedichten ›Das Lied an die Freude‹ verfassen, das den Freundschaftsbund von fünf Menschen gleich zu einer Gemeinschaft von Millionen machte, die umschlungen werden sollten.

Kaum aber war er in Leipzig angekommen, wandte er sich noch einmal kurz der Vergangenheit zu, warb aus der Ferne um die Hand der Tochter Margaretha des Mannheimer Verlegers

Schwan, vergeblich, und so gab er sich schließlich dem Freundschaftsbund hin. In diesem war er zwar der fünfte im Bunde, aber aller Zuneigung ersetzte ihm eine Liebe. Doch auch hier verliebte er sich, nicht so sehr in Minna, schon ein wenig mehr in Dora, beide waren schließlich schon vergeben und man verkehrte ja in miteinander gelobter Freundschaft, was Leidenschaften ausschloß, sondern wiederum in eine Frau von Adel, in Henriette von Arnim. Er lernte sie im Februar 1787 in Dresden kennen. In die Stadt an der Elbe waren Körner, Huber und die beiden Frauen schon vor längerem übersiedelt, und Schiller war mitgezogen.

Im Salon der Schauspielerin Sophia Albrecht hatte der Dichter Henriette von Arnim ein erstes Mal gesehen, aber nicht weiter beachtet, denn in der Albrecht traf Schiller eine Frau wieder, die er drei Jahre zuvor in Frankfurt als Luise Miller auf der Bühne gesehen und die sein Herz beunruhigt hatte. Auch sie empfand, obwohl verheiratet, Zuneigung zu ihm, die sie in einem Gedicht an den Dichter verriet: »Ein leuchtender Genius . . . wie mir noch keiner erschien.«

Wenige Tage später, es ist Maskenball, zwei Augen blicken durch eine Larve in seine Augen, die ebenfalls hinter einer Larve über seiner Adlernase versteckt sind. Das erregt Schiller. Er meint eine Frau vor sich zu haben, die er noch nicht kennt. Als Zigeunerin verkleidet nimmt sie des Dichters Hand, liest in ihr und sagt ihm ein glänzende Zukunft voraus. Als die Larve fällt, entpuppt sich die fremde Frau als die junge kokette Henriette von Arnim, für die er Tage zuvor kein Auge gehabt hat.

> Ein treffend Bild von diesem Leben,
> Ein Maskenball, hat Dich zur Freundin mir gegeben.
> Mein erster Anblick war – Betrug.
> Doch unsern Bund, beschlossen unter Scherzen
> Bestätigte die Sympathie der Herzen.
> Ein Blick war uns genug
> Und durch die Larve, die ich trug,
> Las dieser Blick in meinem Herzen,
> Das warm in meinem Busen schlug!

»Schiller stand da im Anschaun ganz verloren«, bemerkte der Ehemann der Sophia Albrecht. Ihre Augen hätten ihn aus »dem Konzept gebracht«, schrieb Schiller, denn schließlich suchte er doch jetzt nur Freundschaft und keine leidenschaftliche Liebe, die ja so oft Leiden schafft. Henriette von Arnim aber spielte mit Schiller und mit seiner Verführbarkeit. Er aber wollte nicht Spiel, er wollte Ernst.

> Der Anfang unsrer Freundschaft war nur – Schein!
> Die Fortsetzung soll Wahrheit sein.

Schillers späteres Urteil über sich selbst, daß eine Frau eine un-fehlbare Macht über ihn gewinnen und jede Kokette ihn fesseln könne, findet hier schon Bestätigung. Die neunzehnjährige Henriette von Arnim fesselt ihn besonders fest und geschickt, facht seine Leidenschaft derart an, daß sich Schiller ihr ganz hingibt, sich für sie in neue Schulden stürzt, da er ihr teure Ge-schenke macht, machen muß, sonst verlöre er sie. Sie gilt als die schönste Frau der Stadt an der Elbe. Auch der Ehemann der Schauspielerin Sophia Albrecht bewunderte ihren »üppigen schö-nen Körperbau«. Das stellten auch noch andere Männer fest und buhlten um sie, vor allem ein stadtbekannter Bankier und ein Graf von Waldstein-Dux. Schiller weiß, mit den anderen Bewer-bern um die Gunst der Frau kann er eigentlich nicht konkur-rieren, weder aufgrund der Stellung noch aufgrund der baren Mittel.

So fährt das Gedicht in dieser Angelegenheit und bei dieser Gelegenheit fort:

> Spät führte das Verhängnis uns zusammen,
> Doch ewig soll das Bündnis sein.
> Ich kann dir nichts als treue Freundschaft geben,
> Mein Herz allein ist mein Verdienst.
> Dich zu verdienen will ich streben –
> Dein Herz bleibt mir – wenn Du das meine kennst!

Unablässig suchte Schiller ihre Nähe, und wenn sie nicht möglich war, verging er vor Eifersucht und Sehnsucht. Denn stellte Henriette von Arnim ein Licht in ihr Fenster, war sie nicht allein, vorgeblich mit ihrer Mutter, in Wirklichkeit aber mit einem ihrer Liebhaber.

Wie ein Hund wartete er auf sie, wich ihr nicht mehr von der Seite, vernachlässigte sein Dichten und auch den Bund der Freunde. In solchen Freundschaftsbünden waren derartige zerstörende Leidenschaften nicht vorgesehen, auch nicht außerhalb von diesen. »Schillers Augen brannten, wenn er sie sahe, und man sahe ihn in dieser Zeit oft in einer Begeisterung, die man vorher nicht an ihm bemerkte«, konstatiert Minna Stock mit einem Schuß von Eifersucht auf den Liebeskranken und den weiblichen Eindringling in ihren Freundschaftsbund. Und so verbrachte Körner Freund Schiller in den Dresdennahen Ort Tharandt in eine Liebesquarantäne. Hier wurde er im »Gasthof zum Hirsch« auf Entzug gesetzt, hier sollte er genesen. »Ich will mir einbilden, daß ich für vergangene Sünden büße«, schrieb er und büßte sie mit Einsamkeit und viel englischem Bier, das ihm der Freundschaftsbund in aller Freundschaft schickte. Aber er dichtete auch wieder und beendete sein Schauspiel ›Don Carlos‹ in dieser Einsamkeit. Nur Briefe noch gingen zwischen der Arnim und Schiller hin und her, und auch ein Brief der Charlotte von Kalb erreichte ihn, in dem sie ihm mitteilte, sie wohne nun in Weimar. Sie lud ihn ein, zu ihr zu kommen.

Minna schickte in die Quarantäne ein Exemplar der ›Liaisons dangereuses‹ von Choderlos de Laclos, einen Roman, der in Europa kursierte, eine Anspielung auf die eigene Lage, schließlich ist selbst ein Freundschaftsbund nicht ohne Gefahr für Leib und Seele, auch wenn man versucht, alle Leidenschaften auszuschalten. Die Versuchung bleibt. »Treffende wahre Bemerkungen über Menschen und Sentiments«, schrieb Schiller an Körner aus Tharandt über den Briefroman, der vom kalten Doppelspiel der Liebe zwischen Leidenschaft und Tugend erzählt, aber: »Es ist in der Tat schade, daß ein großer Teil der Schönheit des Buchs in dem liegt, was man mit gutem Gewissen nicht allgemein

Der Freundschaftsbund von Leipzig-Dresden, 1784
Minna Stock, Christian Gottfried Körner

machen kann.« Eine Libertinage, wie ›Gefährliche Liebschaften‹ sie vorführt, ist in einem Freundschaftsbund nicht möglich, das untersagt das allgemeine tugendhaft gute Gewissen. Die einschränkende Bürgerlichkeit verlangt Verzicht. So ersetzt die Lektüre eines frivolen französischen Romans das eigene Verlangen.

Plötzlich aber tauchte Henriette von Arnim in Schillers Entzugsort Tharandt auf. Doch die Mutter war dabei, und Graf von Waldstein-Dux, um sein Recht auf das Mädchen zu demonstrieren. Schiller blieb außen vor. Auch eine briefliche Liebeserklärung Henriettes, vier Tage später,»Der Gedanke an Sie ist jetzt der Einzige, der mir wichtig ist«, änderte das nicht, glaubte er ihr doch nicht, wollte ihr vielleicht nicht mehr glauben. Schiller reagierte verletzt und verletzend, worauf sie ihm vorwarf, er wolle sich von ihr abwenden, beteuerte zugleich, sie sei kein »Flattergeist«, wie er behauptet habe. Schließlich kehrte Schiller abgekühlt und nach geglücktem Liebesentzug nach Dresden zurück. Doch die Aufforderung Charlotte von Kalbs, nach Weimar zu kommen, hatte sein Herz in erneute Erregung versetzt.

Weder der Freundschaftsbund noch die Stadt Dresden versprachen dem Dichter auf Dauer eine Zukunft. Er suchte neue

Dora Stock, Ludwig Ferdinand Huber

Anregungen und er suchte eine Frau. Körner war inzwischen
mit Minna verheiratet, Huber mit Dora verlobt. Er war übrigge-
blieben, ein Mann ohne Frau.

Zur Hochzeit von Körner mit Minna Stock hatte er ein Gedicht
geschrieben, das sich indes nur an ihn wandte und zugleich
Auskunft darüber gab, wie eine Ehefrau nicht beschaffen und
wie sie beschaffen sein sollte.

> Weiberherzen sind so gern
> Kästchen zum vexieren.
> Manchen lockt der gold'ne Stern,
> Perlen, die nur zieren;
> Hundert werden aufgetan,
> Neun und neunzig trügen,
> Aber nur in einem kann
> Die Juwele liegen.

Wie aber darf die eine, das Juwel, auf keinen Fall sein:

> Glücklich macht die Gattin nicht,
> Die sich selbst nur liebet,
> Ewig mit dem Spiegel spricht,

31

Sich in Blicken übet,
Geizig nach dem Ruhm der Welt
In der neuen Robe,
Stolzer, schöner sich gefällt
Als in deinem Lobe.

Keine witz'ge Spötterin,
Keiner Gauklertruppe
Zugestutzte Schülerin,
Keine Modepuppe,
Keine, die mit Bücherkram
Ihre Liebe pinselt,
Was nicht aus dem Herzen kam
Aus Romanen winselt.

Glücklich macht die Gattin nicht,
Die nach Siegen trachtet,
Männerherzen Netze flicht,
Deines nur verachtet,
Die bei Spiel und bunten Reih'n,
Assembleen und Bällen
Freuden sucht, die allein
Aus dem Herzen quellen.

Schiller weiß aber auch, wie die ideale Gattin sein soll. Und wie er sie sich selbst vielleicht wünscht?

Glücklich macht die Gattin nur,
Die für dich nur lebt
Und mit herzlicher Natur
Liebend an dir klebet;
Die um deiner wert zu sein,
Für die Welt erblindet
Und in deinem Arm allein
Ihren Himmel findet.

Wird Schiller für sich eine solche Frau als Gattin finden? Er wird. Noch aber war es nicht soweit, und die Frauen, die ihn betörten, die Arnim und die Kalb, entsprachen diesem Ideal in keiner Weise. Der Mann ohne Frau, aber mit dem Drang nach Höherem, strebte nach einer neuen Herausforderung und die sollte in Hamburg oder Berlin sein. Er suchte eine Frau, die konnte überall sein, aber erst einmal kehrte er auf dem Weg nach Hamburg zu Charlotte von Kalb zurück.

*

In Weimar am Abend des 21. Juli 1787 angekommen, fiel er wieder in die Hände der Frau, der er schon in Mannheim kaum entkommen konnte. Sie war weiterhin verheiratet, lebte nun hier fern von ihrem Ehemann. Mehr als zwei Jahre hatten sie sich nicht gesehen, doch Schiller, der sie sofort aufsuchte, stellte fest: »Sonderbar war es, daß ich mich schon in der ersten Stunde unseres Beisammenseins nicht anders fühlte, als hätte ich sie gestern verlassen.« Er zeigte ihr auch ein Bildnis der Henriette von Arnim, das er nun immer mit sich trug. Charlotte von Kalb kommentierte knapp: »Und es erwies sich, wie schön sie war.«

In den kommenden Wochen spazierten Friedrich Schiller und Charlotte von Kalb Seite an Seite die Ilm entlang und durch den Sternpark. Alle sahen sie als Paar. Nahezu jeden Abend verbrachte er bei ihr. »Alles ist nur Zurüstung für die Zukunft«, meldete Schiller Körner, doch er täuschte sich, denn sie konnte ihm kein gemeinsames Leben versprechen, zog es vor, die Liaison mit dem Dichter im Schatten ihres Mannes, der ihr ein kommodes Leben versprach, aber ohne diesen, weiterzuleben. Doch Schiller wollte eine Frau zum Heiraten, dachte an diese und jene. Alles vergeblich, nur »hingeworfene Gedanken«, wie er gegenüber Körner seine Brautsuche nannte, und »Eine Frau, die ein vorzügliches Wesen ist, macht mich nicht glücklich.« Was für eine Frau er nun wirklich suchte, wußte er selbst nicht, dennoch war er weiter auf Suche und begegnete am 6. Dezember 1787 den Schwestern Lengefeld. Doch schon kurze Zeit später existierten sie im Winter von Weimar nur noch als blasse Erinnerung in ihm.

Da kam Charlotte von Lengefeld nach Weimar, sechs Wochen nachdem Schiller sie kennengelernt hatte. Beim Karneval sahen sie sich wieder, und die Schwester war nicht dabei.

Karneval in Weimar

Charlotte von Lengefeld traf Anfang Januar 1788 zusammen mit ihrer Rudolstädter Freundin Friederike von Holleben in der Stadt an der Ilm ein. Sie sollte dort laut ihrer Patentante Charlotte von Stein »die trüben Wolken aus ihrer Seele verjagen«, die in ihr immer noch nisteten, seitdem der erste Mann in ihrem Leben, den sie liebte, der Engländer Henry Heron, sie vor knapp einem Jahr verlassen hatte. Doch Schiller und sie trafen sich in den ersten Tagen von Weimar nicht, ja er wußte nicht, daß sie in der Stadt weilte. Er schrieb indes in den ersten Tagen des neuen Jahrs an Körner: »Dabei bleibt es, daß ich heiraten will. Ich führe eine elende Existenz, elend durch den inneren Zustand meines Wesens. Ich muß ein Geschöpf um mich haben, das *mir* gehört, das ich glücklich machen *kann* und *muß*, an dessen Dasein mein eigenes sich erfrischen kann ... Ich bedarf eines Mediums, durch das ich die andern Freuden genieße.« Und er fuhr in seinem offenen Bekenntnis dem Freund gegenüber fort, blickte zurück auf die Frauen, die in sein Leben getreten waren: »Alle Wesen, an die ich mich fesselte, haben etwas gehabt, was ihnen teurer war als ich und damit kann sich mein Herz nicht behelfen«, und meinte damit natürlich vor allem Charlotte von Kalb, die wenige Meter von dem Ort lebte, an dem Schiller diesen Brief schrieb. Er endete mit dem Fazit: »Ich sehne mich nach einer bürgerlichen und häuslichen Existenz, und das ist das einzige, was ich jetzt noch hoffe.«

Schillers depressive Stimmungen vertieften sich regelmäßig in der dunklen Jahreszeit. Seine Anfälligkeit für Winterkälte kam hinzu, so daß eine körperliche und eine seelische Mattheit oft zusammen auftraten. So suchte er die Wärme einer Frau, wollte

Geborgenheit und Schutz, schrieb weiter an Körner: »Glaube nicht, daß ich gewählt habe. Ich bin noch ganz frei und das ganze Weibergeschlecht steht mir noch offen; aber ich wünschte, bestimmt zu sein. Halte mich nicht im geringsten für *gefesselt*, aber *fest entschlossen* es zu werden.«

Schiller wird in diesen Januartagen 1788 an das »ganze Weibergeschlecht« gedacht haben, das ihm in den letzten Jahren begegnet war. Welche Frau war jetzt noch zu heiraten? Er hatte sich in Mannheim, Leipzig, Dresden und Weimar umgeschaut und nicht die ideale Frau gefunden, er hatte in Rudolstadt die Schwestern Lengefeld kennengelernt. Wollte er von ihnen »gefesselt« werden? Von Caroline, die indes schon verheiratet war? Von Charlotte, die augenscheinlich niemanden hatte, der ihr »teurer« war?

Da begegnen sie einander zufällig. Es ist der Abend des 2. Februar, Karnevalssamstag. Im Redoutenhaus von Weimar ist Faschingsball. Ihre Blicke treffen sich, sie erkennen einander, sie nähern sich, erinnern sich an den Abend im vergangenen Dezember, Charlotte von Lengefeld und Friedrich Schiller. Sie hat in den sieben Wochen, in denen sie sich nicht gesehen haben, Zuneigung zu dem Dichter gefaßt. Und er ist ja Dichter, was eine Frau immer betören kann. Zum Geburtstag der Herzogin Louise hat Schiller das Festgedicht ›Die Priesterinnen der Sonne‹ verfaßt. Es endet, nachdem die Musen sich mit den Grazien vereint haben und in »diese Hemisphäre« eingetreten sind, die die beiden Weimarer »Fürstentöchter« Herzogin Louise und Herzoginmutter Amalie geschaffen haben, fernab dem Stammsitz der Priesterinnen der Sonne, in hehrem, aber auch ein wenig hohlem Dichterton so:

»Zwei Fürstentöchter wollen wir«,
Sie riefen's mit Entzücken,
»Zwei Fürstentöchter, sanft und gut,
In ihren Busen Götterglut,
Mit diesem Kranze schmücken.«

Fühlt ihr die nahe Gottheit nicht,
Die wir im Tempel feiern? –
Das Zeichen, Schwestern! ist erfüllt!
Hier, vor der Sonne schönem Bild,
Laßt uns den Dienst erneuern.

Schillers im Auftrag des Fürstenhauses geschriebenes Gedicht,
das es als neuen Tempel der Sonne feiert, wird auf dem Maskenball in Gegenwart Charlotte von Lengefelds als Höhepunkt des
Abends szenisch dargestellt und deklamiert. Das wird Charlotte
beeindruckt und ihre Bewunderung und Zuneigung zu dem
Dichter vertieft haben.

Sie sehen sich anfangs nicht oft in diesen Wochen, die Charlotte in Weimar verbringt, aber sie sehen sich bald gern. Sie
wohnt im Haus der Frau von Imhoff, der Schwester der Charlotte
von Stein, auf der Esplanade. Nur gut hundert Schritte trennen
sie und Schiller. Sie treffen einander im Hause von Imhoff, so oft
es die Schicklichkeit erlaubt, oder im Theater. Nie sind sie allein,
nicht im Theater, nicht im Haus der Imhoff, wo immer Gesellschaft zugegen ist, auch Karl Ludwig von Knebel, der ebenfalls
um die Gunst Charlotte von Lengefelds wirbt und Schillers Konkurrent sein wird. Und da ist ja auch noch Charlotte von Kalb,
die über den Umgang ihres Dichters mit anderen Frauen wacht,
so daß er die Rudolstädter Charlotte nicht so häufig treffen
kann, wie er es vielleicht wünscht. Schiller hält sich im Abseits
auf, wofür er sich in einem Brief vom 18. Februar an das »gnädige
Fräulein« ein wenig verworren rechtfertigt: »Und alsdann, hoffe
ich Sie auch zu überzeugen, wie wenig meine bisherige seltene
Erscheinung bei Ihnen der Unfähigkeit zuzuschreiben war, den
Wert Ihres Umgangs zu empfinden.« Die Unsicherheit, die Schiller oft im Umgang mit Personen von Adel befällt, drückt sich in
der diesem Satz folgenden Bemerkung aus: »Ich fühle, daß dieses
Billett Ihnen nicht ganz verständlich sein wird.« Er schließt den
Brief: »Eben zieht mich ein Schlitten ans Fenster und wie ich hin-
aussehe, sind Sie's. Ich habe Sie gesehen und das ist doch etwas
für den Tag.«

Treffen sich die beiden doch, so gibt Schiller ihr Bücher zur Lektüre, versteckt in ihnen kleine Billetts, so in Henry Fieldings Roman ›Tom Jones‹, wo es um die Liebe einer Frau geht, die sich über Standesschranken hinwegsetzt. Charlotte bittet ihn, wie damals üblich, Verse für ihr Stammbuch zu schreiben. Und er schreibt sie, schreibt sie auf die Rückseite eines Billetts, das er von Charlotte von Kalb mit einer intimen Mitteilung einige Zeit zuvor erhalten hat. Zufall? Absicht? Zerstreutheit? Er schreibt am 3. April:

> Ein blühend Kind, von Grazien und Scherzen
> Umhüpft – so, Freundin, spielt um dich die Welt,
> Doch so, wie sie sich malt in deinem Herzen,
> In deiner schönen Seele Spiegel fällt,
> So ist sie nicht.

Die harte letzte Zeile fällt unvermittelt über das kurze Gedicht, so als wollte Schiller in Charlottes »schöner Seele« einen Schock auslösen. Hält Schiller die junge Frau für naiv, wenn er ihr in diesen Zeilen, die sie ja für immer in dem Stammbuch mittragen wird, andeutet, sie könne den schönen Schein der Welt nicht als Wirklichkeit annehmen? Will er ihr vielleicht sagen, daß die Welt nicht die schöne Welt eines Romans ist, von denen sie so viele gelesen hat? Will er sich vor ihr, der adligen Tochter, aufspielen als einer, der die Welt anders kennt, nämlich als auch schmerzhafte Wirklichkeit? Neidet er ihr vielleicht die heile Welt?

Der Umgang des Dichters mit dem adligen Mädchen aus Rudolstadt bleibt nicht verborgen, und Kunde davon dringt aus dem klatschsüchtigen Weimar gar nach Dresden. Körner schreibt ein wenig vorwurfsvoll und mit einem Anflug von Eifersucht: »Du scheinst uns deine Heiratsabsichten nach und nach beibringen zu wollen. Aber sorge nicht, daß wir darüber zu sehr erstaunen.« Nur zu sehr nicht, und Schiller ist genötigt, zu antworten: »Gleich anfangs muß ich Dich aus einer irrigen Vermutung reißen. Du tust, als ob Du wüßtest, ich habe hier eine ernsthafte Geschichte, zu der ich Euch nach und nach vorbereiten wolle, und Du sagst, Du hättest es aus einer guten Quelle. Glaube mir, Deine Quelle ist schlecht, und ich bin von etwas wirklichem dieser Art so weit entfernt, als nur jemals in Dresden.« Er vermutet Charlotte von Kalb hinter dem Gerücht und schreibt: »Und Charlotte selbst, die mich fein durchsieht und bewacht, hat noch gar nichts davon geahnt.«

Charlotte von Kalb als Bewacherin und Berichterstatterin, die eifersüchtig über Schillers Leben wacht? Gut möglich. Kaum hatte sich die Beziehung zwischen dem Dichter und dem Mädchen aus Rudolstadt vor den Augen Weimars zaghaft angesponnen, da verließ Charlotte von Kalb Mitte März Weimar und begab sich auf ihr Gut nach Waltershausen. Von nun an sahen sich Friedrich Schiller und Charlotte von Lengefeld häufiger, sie wurde ihm zu seiner »liebsten Gesellschaft«, wie er ihrem Cousin Wilhelm von Wolzogen mitteilte.

Charlotte verlängerte ihren Aufenthalt in Weimar, so daß ihre Schwester Caroline ihrem Vetter Wilhelm anvertraute: »Lolochen sollte gestern kommen, es bleibt aber noch länger. Es ist mir lieb, daß es ein geselliges Leben führt.« Hatte ihr »Lolochen« geschrieben, daß sie mit dem Dichter der ›Räuber‹ die Stunden von Weimar verbringt, mit dem Dichter, in den sie sich an jenem Dezembertag ja auch verliebt hatte? Oder verheimlichte Charlotte der Schwester ihr Tête-à-tête mit Schiller? »Das gute liebe Wesen fehlt mir sehr«, schrieb Caroline an den Vetter aus ihrer Rudolstädter Einsamkeit mit einem Anflug von Neid auf die kleine Schwester.

Doch plötzlich geht der Winter von Weimar zu Ende. Zwei Tage, nachdem sie das Blatt für den Stammbucheintrag von Schiller erhalten hat, reist Charlotte ab. Hat sie die Zeilen der anderen Charlotte auf der Rückseite des Blatts genau gelesen? Kaum ist die eine Charlotte nach Rudolstadt aufgebrochen, kehrt die andere in ihr Haus nach Weimar zurück. Zuvor haben sich Charlotte von Lengefeld und Friedrich Schiller schon für den Sommer verabredet. Er kündigt an, für einige Wochen nach Rudolstadt zu kommen. Dort wird er Charlotte wiedersehen und Caroline, die er nicht vergessen hat.

Warten in Rudolstadt

Am Abend des 6. April 1788 war Charlotte von Lengefeld wieder zurück in Rudolstadt, in der Stadt, in der sie vor einundzwanzig Jahren geboren und im Schatten ihrer älteren Schwester Caroline aufgewachsen war. Nun mußte sie ihr berichten vom Winter in Weimar, genauestens schildern, wo und wie sie Schiller getroffen hatte. »Wir sind noch nicht mit Erzählen fertig, das denkst Du wohl«, teilte Caroline ihrem Vetter Wilhelm noch zwei Wochen später mit. Charlotte mußte ihr auch das Gedicht zeigen, das er für ihr Stammbuch geschrieben hatte. Caroline war neugierig, Caroline war neidisch, war auch eifersüchtig. Sie hatte bei ihrem Mann, dem Ungeliebten, zu bleiben und wäre doch liebend gern ebenfalls in Schillers Nähe gewesen, und so vernahm sie mit Lust und Vorfreude den Plan, daß der Dichter den kommenden Sommer in ihrer beider Nähe verbringen würde. Das Warten auf den Sommer begann. Gemeinsam überlegten sie, wo sie ihn unterbringen könnten, suchten ein Haus, das nicht zu nah, das nicht zu fern war. Sie erwogen, ihn in Cumbach am Saaleufer einzumieten im Haus des Hofgärtners Cellarius, der dort die fürstliche Orangerie nebst Park und Gewächsgarten zu betreuen hatte. Indes verwarfen sie den Plan, weil Schiller dort womöglich nicht die nötige Ruhe zum Dichten finden würde, flanierte und vergnügte sich doch häufig der Rudolstädter Hofstaat in dem Park. Schließlich mietete Charlotte von Lengefeld für den Dichter der ›Räuber‹ eine Wohnung im nur wenig abgelegenen Saaledorf Volkstedt, im neuen Haus des Kantors Unbehaun.

Sie hatte Weimar und Schiller gerade einmal vor sechzehn Tagen verlassen, da schrieb sie an ihn, bemühte sich gegenüber dem Dichter um einen poetischen Ton: »Das Dorf hat eine schöne Lage, hinter ihm erheben sich Berge, an deren Fuß liebliche Fruchtfelder sich ziehen, und die Gipfel mit dunklem Holz bekränzt; gegenüber an der anderen Seite der Saale schöne Wiesen und die Aussicht in ein weites langes Tal. Die Stube, die ich für Sie bestimmte, ist nicht sehr groß, aber reinlich, auch die Stühle sind nicht ganz ländlich, denn sie sind beschlagen, eine Kammer daneben, wo das Bette stehen kann. Auch wohnt eine Frau darin, die Ihnen Kaffee machen könnte.«

Schiller wird kommen. Die Schwestern warten, wie sie ihre ganze Jugend über gewartet haben. Das Leben in Rudolstadt ist nicht sehr abwechslungsreich. Die Stadt ist mit ihren viertausend Einwohnern und fünfhundertneun Häusern zwar nur unwesentlich kleiner als Weimar, verfügt aber nicht über dessen kulturelles und gesellschaftliches Leben. »Der Ort wo wie lebten war klein, der gesellschaftliche Ton soweit hinter anderen Orten in der Nähe zurück, daß es einem späterhin dünkte, man sei fünfzig Jahre noch zurück in allem«, wird Charlotte von Lengefeld später sich erinnern und Schwester Caroline: »Oft erschienen wir uns selbst als verwünschte Prinzessinnen, auf Erlösung aus dieser Einförmigkeit hoffend.« Rudolstadt wird dominiert vom Schloß Heidecksburg, das sich oberhalb des Hauses in der Neuen Gasse, das die Schwestern bewohnen, erhebt, als würde es die ganze Stadt erdrücken. Dort residiert Fürst Ludwig Günther II. von Schwarzburg-Rudolstadt mit einem Hofstaat von zweihundert Personen. Vor allem aber wird die Kleinstadt von Handwerkern aller Art bewohnt und beherbergt seit 1781 einige moderne Porzellanmanufakturen, eine Pianofabrik und mancherlei Kleinsthandwerksbetriebe. Noch führt keine »Kunststraße«, wie man eine ausgebaute Straße nannte, durch die Stadt, was zur Folge hat, daß nur selten Fremde sie besuchen. Die Stadt liegt nicht nur hinter den Bergen, sie liegt auch im Dunkel, denn erst 1788 beginnt man die Straßen zu beleuchten.

*

40

Am 6. Dezember 1787 hatte ein neues, ein zweites Leben für die beiden Schwestern begonnen, als der Dichter vor ihre Augen trat. Welches Leben aber hatten sie zuvor geführt?

Im September 1784 war Caroline von Lengefeld im Alter von einundzwanzig Jahren mit dem Hofrat Friedrich Ludwig von Beulwitz vermählt worden, nachdem sie schon fünf Jahre lang verlobt waren. Damit fand ihre Jugend ein frühzeitiges Ende. Für ihre drei Jahre jüngere Schwester indes suchte die Mutter weiterhin eine gute Partie, die Aussichten dazu waren aber schlecht in Rudolstadt, so daß sie noch einige Jahre die Freiheit eines jungen Mädchens genießen konnte und möglicherweise auch woanders als im kleinen Rudolstadt ihr Glück finden sollte. Die Schwestern waren im Heißenhof aufgewachsen, den die Familie Lengefeld von der Familie von Stein gemietet hatte. »Die Lage unserer Wohnung war höchst romantisch«, sollte sich Charlotte erinnern, denn auf einer Anhöhe gelegen, von einem Garten und einem Hof umgeben, hatten die Kinder einen freien Blick über das Tal hinweg und auf die umliegenden Berge. Die Kindheit war aber auch schon eine des Lesens. Besonders Caroline verschlang die Erfolgsromane der Zeit, so die des Engländers Samuel Richardson, der mit ›Pamela‹ und ›Clarissa‹ zwei äußerst empfindsame Briefromane verfaßt hatte, was ihr früh ein angelesenes romantisch-melancholisches Lebensgefühl einpflanzte, so daß sie als Elfjährige schon schrieb: »Ich bin noch in der Jugend meiner Jahre, kaum bin ich wie eine Rose aufgesprossen, bald werde ich blühen und nachher verwelken. Was bleibt mir dann übrig, wenn ich tugendhaft bin?«, fragte sie provozierend.

Bald aber fand die behütete Kindheit ein Ende. Der Vater, ein Oberlandjägermeister in fürstlichen Diensten, der schon seit langem teilweise gelähmt war, starb 1776, und die Restfamilie mußte sich von nun an einschränken und in Bescheidenheit leben. Caroline war dreizehn, Charlotte zehn Jahre alt, und die Schwestern wurden noch unzertrennlicher, wobei die ältere die jüngere durch das kindliche Leben führte, die dieser Führung auch bedurfte und sich Caroline anschmiegte.

Die Heirat Carolines mit dem um acht Jahre älteren von Beulwitz änderte das enge intime Miteinander der Schwestern nicht. Die Hochzeit fand nicht in Rudolstadt selbst statt, sondern auf Gut Eichicht in aller Abgeschiedenheit, weil Mutter Lengefeld nicht die Mittel besaß, um eine angemessene Hochzeit in Rudolstadt auszurichten. Die Heirat Carolines war das, was man eine gute Partie nannte, nur liebte sie den Mann an ihrer Seite nicht, und man hat vermutet, daß die Ehe nie vollzogen wurde. Von Beulwitz hatte ein Doppelhaus in der Neuen Gasse gemietet, die als eine der wenigen Straßen der Stadt gepflastert war. Er bewohnte mit seiner Frau das Vorderhaus, Mutter von Lengefeld mit Charlotte das Hinterhaus, gemeinsam aber war ihnen ein Garten mit Pavillon. So konnte Caroline weiter im Kreis ihrer Familie und an der Seite ihrer Schwester leben.

Da von Beulwitz am kleinen Hof von Rudolstadt im Laufe der Jahre eine immer bedeutendere Stelle bekleidete, waren der Adel der Stadt und selbst der Erbprinz Ludwig Friedrich gelegentlich zu Gast im Haus Beulwitz. Der Prinz schrieb darüber: »Erst führte er uns in sein Haus, in sein Zimmer, wo die Frau von Lengefeld, seine Gemahlin und die Fräulein von Lengefeld war. Die Frau von Beulwitz spielte etwas auf dem Klavier mit sehr vieler Fertigkeit und zeigte mir sodann viele schöne Zeichnungen, die sie verfertigt, worauf ich mich denn natürlicherweise etwas lang aufhielt und sie recht lobte. Hierauf sah ich mich in dem Haus um und fand alles sehr artig eingerichtet. Den übrigen Teil des Nachmittags verbrachten wird sehr vergnügt im Hausgarten zu, wo wir mit recht gutem Punsch bewirtet wurden.« Man war unter sich, doch das Leben in der kleinen Residenz war nicht gerade aufregend, die große Welt lag hinter den Bergen. Man machte Musik, sang, zeichnete, tanzte gar, aß ausgiebig und trank nicht wenig. Der Schriftsteller Rudolf Zacharias Becker, Erzieher der Gothaer Fürstensöhne, beschrieb einen Abend im Haus Beulwitz so: »Auf eine so fröhliche Art habe ich noch nie gegessen. Ich ziehe ein solches Abendessen, wo man bald aufstehen, bald sich wieder niedersetzen kann, der größeren Tafel an einem Galatag vor. Dazu kam noch, daß die Clarinetpfeifer recht schöne Musik machten. Nach Tisch wurden von der ganzen Gesellschaft viel fröhliche Lieder gesungen.« Doch all diese gelegentliche Fröhlichkeit konnte weder Caroline noch Charlotte darüber hinwegtäuschen, daß sie in Abgeschiedenheit lebten. Caroline verkümmerte gar und zog sich ein Nervenleiden zu, das sich in häufigen Gesichtszuckungen äußerte und sich verstärkte, wenn von Beulwitz in ihrer Nähe war. Sie aber mußte bleiben, neben einem ungeliebten Mann, fernab von der Welt, von der sie träumte. Da Charlotte indes nach den Wünschen der Mutter außerhalb von Rudolstadt ihr Glück finden sollte, auch weil in der winzigen Residenzstadt keine geeignete Partie in Aussicht war, kam es zu mehreren Aufenthalten Charlottes in Weimar wie auch in jenem Winter 1788, als sie Schiller näherkam.

Charlotte von Stein verlebte seit Jahren den Sommer häufig im nahe Rudolstadt gelegenen Kochberg, wo das Ehepaar von Stein ein Anwesen samt Schloß besaß. Dort hatte sie ja auch ihr Hausfreund Goethe immer wieder für einige Tage besucht und manchmal gar für Wochen. Mutter Lengefeld und Frau von Stein hatten sich angefreundet, und so wurde Charlotte nicht nur deren Patenkind, sondern lernte schon in Kindertagen den Weimarer Dichter-Minister auf Kochberg kennen. Der wird später schreiben, daß er das Mädchen schon als Kind geschätzt und geliebt habe. Charlotte von Stein war vor ihrer Ehe Hofdame der Herzogin Amalie am Weimarer Hof gewesen. Nun hatte sie den Plan gefaßt, auch für Charlotte eine solche Position anzustreben. So war diese schon im Winter 1782 am Hof von Weimar eingeführt worden. Sodann reiste man, damit sie besser Französisch lerne, im Frühjahr 1783 nach Vevey, in die französischsprachige Schweiz, die Mutter, Schwester Caroline und ihr Verlobter Beulwitz waren dabei. Auf dem Weg dorthin machte man halt in Stuttgart, besuchte die Carlsschule, da Vetter der Familie dort Schüler waren. So hatten sie Schillers Gefängnis der Jugend gesehen. Über die Eleven der Carlsschule schrieb Charlotte von Lengefeld nach ihrem Besuch: »Jede ihrer Bewegungen hängt von dem Winke des Aufsehers ab. Es wird einem nicht wohl zumute, Menschen wie Drahtpuppen behandelt zu sehen.« Zudem besuchten sie auf Vermittlung der Familie Wolzogen auch Schillers Eltern und seine Schwester, die im Schatten des herzoglichen Lustschlosses Solitude lebten, während der junge Friedrich selbst ja gerade eben erst desertiert und nach Bauerbach geflohen war. Schließlich reiste man weiter in die Schweiz. »Den 10. Mai betrat ich den langersehnten Schweizer Boden«, schrieb Caroline und atmete eine neue Luft. »Alles erschien mir schöner und herrlicher, wie vom Hauch der Freiheit angeweht, das Grün der Wiesen frischer, die Bäche klarer, die blühenden Bäume hoben ihr Haupt freier in die Luft.« Den Hauch von Freiheit hatte sie bisher im dunklen, umwaldeten Tal der Saale, in ihrer Rudolstädter Jugend, nicht gekannt. In Zürich suchte die Reisegesellschaft aus Thüringen den berühmten Johann Kaspar Lavater auf, Theologe und Schriftsteller, Autor des vielbeachteten und bewunderten Buches ›Physiognomische Fragmente zur Beförderung der Menschenkenntnis und der Menschenliebe‹, in dem er behauptete, man könne vom Äußeren des Menschen auf sein Inneres schließen. Von Zürich reiste man weiter nach Vevey, wo die Schwestern mit ihrer Mutter ein gutes Jahr blieben, während von Beulwitz in dienstlichen Angelegenheiten weiter nach Lyon fuhr. Im Mai 1784 trat das Quartett die Rückreise an, wieder über Zürich mit erneutem Besuch bei Lavater, dann über Basel, Colmar nach Mannheim. Dort war zu jener Zeit Schiller nach der Rückkehr aus seinem Bauerbacher Versteck als Theaterdichter angestellt. Die Familie schaute sich im Theater ›Die Räuber‹ und den ›Fiesco‹ an, aber, so wird Caroline später schreiben: »Der Theaterwelt waren wir fremd. In den Räubern hatten uns einzelne Szenen gerührt, die Masse von wildem Leben zurückgescheucht.« Dennoch machte man dem inzwischen schon berühmten Dichter einen Besuch. Aber Schiller war nicht zu Hause. Es war der 6. Juni 1784. Man hinterließ eine Nachricht. Als Schiller zurückgekehrt war, fand er diese vor, eilte zum Gasthof, wo die Reisegesellschaft aus Rudolstadt logierte. Doch diese war gerade im Aufbruch begriffen, um in die Heimat zurückzukehren. Da stand Schiller vor den beiden Schwestern, die, wie Caroline berichten wird, sich darüber wunderten, daß »ein so gewaltiges und ungezähmtes Genie ein so sanftes Äußeres haben könne«, und fortfährt:»Seine hohe, edle Gestalt frappierte uns, aber es fiel kein Wort, was lebhafteren Anteil erregte.« Das galt sowohl für die Schwestern, das galt aber auch für Schiller. Andere Frauen als die beiden thüringischen Schwestern besetzten Kopf, Seele und Herz. Am Tag darauf, Montag, dem 7. Juni 1784, schrieb er an Henriette von Wolzogen:»Sie glauben nicht, wie teuer mir alles ist, was von Ihnen spricht, und was nach Ihnen verlangt.« Wenige Zeilen zuvor hatte er noch gegenüber der einen, die er umwirbt, von der anderen gesprochen, von Charlotte von Kalb. »Die Frau zeigt besonders viel Geist und gehört nicht zu den gewöhnlichen Frauenzimmern.« Und einige Zeilen weiter dann bekannte er seiner Gönnerin:»Sie werden lachen, liebste Freundin, wenn ich Ihnen gestehe, daß ich mich schon eine Zeitlang mit dem Gedanken trage, zu heiraten. Nicht als wenn ich hier schon gewählt hätte, ich bin in diesem Punkte noch so frei wie vorhin . . . Mein Herz sehnt sich nach Mitteilung und inniger Teilnahme.« Nur wen soll er heiraten? Also überraschte er Henriette von Wolzogen mit der Werbung um die Hand ihrer Tochter:»Fände ich ein Mädchen, das meinem Herzen teuer genug wäre! Oder könnte ich Sie beim Wort nehmen, und Ihr Sohn werden. Reich würde freilich ihre Lotte nie – aber gewiß glücklich.« Wer aber nun? Will er die Mutter? Will er die Tochter Charlotte? Will er beide? Kann er sich nicht entscheiden? Oder ist alles ein Spiel? Acht Tage später schrieb er diesen Brief weiter und ließ die Werbung um die Tochter bei der Mutter bestehen, aber sein Kleinmut hatte ihn gebremst:»Ich überlese ihn jetzt und erschrecke über meine törichte Hoffnung«, nannte sein Werben um ihre Tochter einen »närrischen Einfall, den Sie sicher entschuldigen«.

In diesen drei Tagen von Mannheim überlagern sich verschiedene Ereignisse. Zum einen der Besuch der Schwestern Lengefeld, dann das Heiratswerben um die Tochter bei der geliebten Mutter, die Verlockung der Charlotte von Kalb und schließlich die Ankunft eines Briefes aus Leipzig, den Schiller am Tag vor dem Besuch der Schwestern erhalten hat. Jener Brief. Auch davon berichtete Schiller in demselben Schreiben an Henriette von Wolzogen: »Ich bekomme Pakete aus Leipzig und finde von 4 ganz fremden Personen Briefe, voll Wärme und Leidenschaft für mich und meine Schriften. Zwei Frauenzimmer, sehr schöne Gesichter, waren darunter. Die eine hatte mir eine kostbare Brieftasche gestickt ... Die andere hatte sich und die drei anderen Personen gezeichnet ... Ein dritter hatte ein Lied aus meinen Räubern in Musik gesetzt ... Sehen Sie meine Beste – so kommen zuweilen ganz unverhoffte Freuden für Ihren Freund.« Und hat sich für sie ins Bild gesetzt. Dieser Freund der Henriette von Wolzogen, also Schiller selbst, hat in diesem Brief an sie auch den Besuch der beiden Schwestern von Lengefeld erwähnt, kurz, ohne besondere Anteilnahme.

Diese waren inzwischen nach Rudolstadt zurückgekehrt, und die Eintönigkeit der Kleinstadt zwischen den Bergen Thüringens lastete noch schwerer auf ihren Gemütern als vor dem Ausflug in die Welt hinter den Bergen. Von nun an würde sie nur noch die Sehnsucht in die Welt tragen. Charlotte vertiefte sich weiter in die französische und auch die englische Sprache, las, zeichnete und schrieb. Gedichte. Unter anderem ein Geburtstagsgedicht für ihre Schwester. Die Schwester schrieb ihre Reiseerlebnisse aus der Schweiz auf, die sie gar veröffentlichen konnte, und zwar in der Zeitschrift ›Pomona – für Teutschlands Töchter‹, herausgegeben von Sophie von la Roche, die Caroline in Mannheim kennengelernt hatte. Lesen und Schreiben waren für beide Schwestern zu einer Einheit geworden, in der ihre Mädchenträume noch existierten. Caroline mußte indes kurz nach der Rückkehr aus der Schweiz mit von Beulwitz einen Mann heiraten, den sie nicht liebte, und sie glaubte ihre Jugend zu Ende. Beide schufen sich nun mittels der Literatur eine Idealwelt, die mit der in Rudolstadt kaum noch etwas gemein hatte. »Eine zweite Welt, die der Imagination, nahm mich früh gefangen und verdeckte mir die gemeine Wirklichkeit«, notiert Caroline Jahre später in ihrem Tagebuch, und diese zweite Welt sollte sie auch vor ihrem Ehemann beschützen. In diese würde eines Tages ein Dichter treten, ein wirklicher, ein lebender Dichter, nicht einer, der nur aus Buch bestand. Kein Wunder also, daß die Schwestern sich in den Mann verlieben werden, den ihnen ihr Vetter ins Haus bringen wird. Der ideale Dichter, ein Held der wirklichen Welt.

Den Winter 1784/85, der der Heirat Carolines mit von Beulwitz folgte, verbrachte Charlotte in Weimar im Haus der Frau von Stein. Dort traf sie auf einen Mann, der um sie warb, ein Freund der von Steins, Karl Ludwig von Knebel, der jedoch doppelt so alt war wie die einundzwanzigjährige Charlotte. Und so versagte sie sich ihm. Aber ein anderer Mann tauchte in ihrem Leben auf, ein schottischer Kapitän, der in Weimar weilte, Henry Heron. Und der Winter sah die beiden vertraut miteinander in Weimar, im Park an der Ilm und bei den Karnevalsredouten. Charlotte hatte sich in den kultivierten Mann verliebt, der wie sie die Poesie liebte. Gemeinsam lasen sie englische Gedichte. Bald war ihr Tête-à-tête in Weimar kein Geheimnis mehr, selbst Herzog Carl August hatte davon Kenntnis erlangt und erlaubte sich gar einen Scherz mit Charlotte von Lengefeld. Er ließ ihr einen ausgestopften Reiher, einen Heron also, schicken. Charlotte kehrte zurück nach Rudolstadt mit der Hoffnung, Heron werde sie zur Frau und damit auch aus Rudolstadt mit in die Welt nehmen. Zu Ostern kam er tatsächlich, gestand ihr seine Liebe, mußte ihr aber zugleich eröffnen, daß er zum Militärdienst nach Indien beordert sei. Die arg Enttäuschte schenkte Henry Heron zum Abschied einen Scherenschnitt mit ihrer Silhouette. Aus Jena schrieb er ihr dann: »Ich habe eine kleine schwarze Gefährtin; sie wird beständig meine Gespielin sein.« Zwei Briefe folgten noch, einer vom Rhein aus Neuwied, einer aus Rotterdam, dann verschwand Charlottes erste Liebe im Nimmerwiedersehn. Ihr bleibt die Erinnerung an wenige gemeinsame Stunden, und es bleiben die Bücher, die er ihr geschenkt hat, die Lieder des blinden Helden und Sängers Ossian, ein Kultbuch der Zeit, und die Werke Alexander Popes, Bücher, die sie ihr Leben lang bewahren wird. Und es bleibt der Schmerz um eine erste Liebe, die ihre ältere, nun verheiratete Schwester bis dahin nicht kennengelernt hat.

»Was ist das Leben«, fragt Charlotte in ihrem Tagebuch, »wer kann es uns enthüllen? Wir lieben es, wünschen es, und dann sind wir doch froh, daß ein Tag nach dem anderen vergeht, und genießen es nicht.« Die Trauer bleibt in Charlottes Leben, der Mädchentraum ist ausgeträumt. »Mein Herz fühlt Leere.« Von dieser Enttäuschung um Heron wird sich Charlotte nie erholen, auch im Leben mit Schiller nicht. »Verjagen Sie ja die trüben Wolken aus ihrer Seele«, schrieb Charlotte von Stein ihr Anfang des Jahres 1788, wenige Wochen nachdem Schiller die Schwestern in Rudolstadt an jenem Dezembertag aufgesucht hatte und bevor die Karnevalstage von Weimar Charlotte eine neue zaghafte Liebe bescheren sollten.

Sommer mit Schwestern

In den Frühlingswochen von 1788 warteten sie aufeinander zu, der Dichter in der Weimarer Frauentorstraße und die jungen Frauen in der Neuen Gasse von Rudolstadt. Die Karnevalstage in der Stadt an der Ilm hatten in Charlotte von Lengefeld eine Zuneigung zu Schiller ausgelöst, die sich noch vorsichtig ausdrückte, wie an ihren Vetter Wilhelm von Wolzogen: »Seine Bekanntschaft hat mir schon manche Freude verschafft, und ich freue mich, daß er uns auch in Rudolstadt sehen wird.«

Auch der Dichter hatte Vertrauen zu dem schmalen, zurückhaltend schüchternen Mädchen gefaßt. Doch entflammt war er nicht für sie, wie er es schnell für Henriette von Arnim, Charlotte von Wolzogen oder die Mannheimer Schauspielerinnen gewesen war. An Heirat indes mag er schon gedacht haben, gerade weil Charlotte von Lengefeld wie auch die anderen Frauen, denen er in den letzten Jahren einen Heiratsantrag gemacht hat, seine Sinnlichkeit und Erregbarkeit nicht geschürt hat. Aber da war ja immer noch Charlotte von Kalb, die nur wenige Meter entfernt von ihm wohnte. Sie bewohnte seinen Kopf und seinen Körper. Von ihr kam er nicht wirklich los. Also wird er nach Rudolstadt zu Charlotte und ihrer Schwester gehen, auch wenn er Körner geschrieben hatte, daß beide nicht schön, aber immerhin anziehend wären. In demselben Brief hatte er ihm jedoch ebenfalls mitgeteilt: »Es ist möglich, daß ein interessanteres Mädchen mir aufgehoben sein kann, aber das Schicksal läßt es mich vielleicht in sechs oder acht Jahren finden. Nach meinem dreißigsten Jahr heirate ich nicht mehr.« Hatte er nach den Enttäuschungen mit den Heiratsanträgen, die alle abschlägig beantwortet wurden, die Hoffnung aufgegeben, noch eine Frau zu finden? »Schon jetzt habe ich die Neigung nicht mehr«, fügte Schiller an Körner noch hinzu und meinte das Heiraten. In diesem Frühjahr 1788 ist er achtundzwanzig Jahre alt und eben nicht mehr wirklich jung. Kaum zwei Jahre hätte er noch Zeit, eine Braut zu finden. Geht er also doch, da ein interessanteres Mädchen er ja vielleicht erst später finden würde, zu spät also, zur Brautschau nach Rudolstadt, um ein weniger interessantes Mädchen vor seinem dreißigsten Jahr heiraten zu können? Im Brief einen Monat später hatte er nämlich gegenüber Körner beteuert: »Es bleibt dabei, daß ich heirate.« Schiller ist hin- und hergerissen, in sich zerrissen, braucht eine Stütze im Leben, schrieb erklärend an den anderen Freund aus Leipzig-Dresdener Tagen, an Ludwig Ferdinand Huber: »Kann ich das Wohl und Wehe eines Geschöpfs, das mir ganz ergeben ist, in meine Wirksamkeit einflechten, so habe ich eine Aufforderung mehr, meine Kräfte zu brauchen.« Er braucht eine Frau zum ruhigen abgeschirmten Dichterdasein. Aber welche Frau würde ihn heiraten, wenn sie ihn wirklich kennte? Schiller weiß um seine »widersprechenden Launen«, weiß, von dem »düsteren Skeptizismus, der in mir wohnt«, weiß um seinen Zustand, den er gegenüber Huber nennt, »eine fatale Kette von Spannung und Ermattung, Opiumschlummer und Champagnerrausch«. Daher sucht er eine Frau, die ihm ganz ergeben ist, eben »ein Medium« sein kann, »durch das ich die anderen Freuden genieße« und eben nicht nur die Surrogate des Glücks, die ihm einen nur kurzzeitigen Rausch verschaffen. Die Klagebriefe an Huber und Körner über seine Zerrissenheit schloß er im Februar 1788 mit der Feststellung: »Eine Frau habe ich noch nicht; aber bittet Gott, daß ich mich nicht ernsthaft verplempere.« Da hatte er gerade Charlotte von Lengefeld auf dem Weimarer Karneval wiedergetroffen. Kurz darauf beschwor er sie: »Die Tage haben einen schöneren Schein, wo ich hoffen kann, Sie zu sehen.« Wird sie das Medium sein, das er braucht? Das Wesen, das ihm ganz ergeben ist? Oder fürchtet er, sich mit ihr auch zu verplempern? Er weiß es nicht.

Kaum hatte Charlotte von Lengefeld Weimar und Schiller im

April verlassen, erinnerte er sie daran, daß man ausgemacht habe, den folgenden Sommer einander nah in Rudolstadt zu verbringen, schrieb: »Was für schöne Träume bilde ich mir für diesen Sommer«, und fuhr fort: »Auch in Ihrer Seele werde ich einmal lesen und ich freue mich im voraus, bestes Fräulein, auf die schönen Entdeckungen, die ich darin machen werde.« Will er in ihrer Seele herausfinden, ob sie die ideale Braut ist? Nachdem sie für ihn die Wohnung in Volkstedt gemietet hatte, kündigte er sein Kommen für Mitte Mai an und meldete an Körner: »Sobald der Frühling einmal dauerhaft sein wird, zieh ich in die Einsamkeit aufs Land; mein Kopf und mein Herz sehnen sich danach.« Körner fragte daraufhin bohrend nach: »In Deinem Sommeraufenthalt wird Dir's nicht an Vergnügungen fehlen. Ist auch ein Interesse des Herzens dabei?« Auch Wilhelm von Wolzogen teilte Schiller mit, daß er den größten Teil des Sommers in »Rudelstadt« verbringen werde, und da er es ja war, der ihn den zwei Schwestern zugeführt hatte, scherzte er ein wenig: »Wenn ich *zuviel* dort bin, so erinnern Sie sich, daß Sie's zu verantworten haben.«

Am 18. Mai 1788, einem Sonntag, reist Schiller, wenige Tage nachdem Charlotte von Kalb die Stadt verlassen hat und auf ihr Gut Kalbsrieth gefahren ist, von Weimar ab. Tags darauf kurz vor 10 Uhr abends kommt er in Rudolstadt an und nimmt als Herr Rat Schüler aus Weimar erneut Quartier im Gasthof »Zur Güldenen Gabel«, der am Ende der Straße liegt, in der die Schwestern leben. Noch am späten Abend läßt er ihnen durch Boten ein Billett in das nur hundert Meter entfernte Beulwitzsche Haus zukommen: »Wollen Sie die Gnade haben, mein Fräulein, und mir eine Stunde bestimmen lassen, wo ich zu Ihnen kommen darf ... Ich brauche Ihnen wohl nicht zu sagen, daß mir der nächste Augenblick, wo ich Sie und die Ihrigen sehen kann, der liebste ist.«

Doch die Stunde wird erst für den nächsten Tag bestimmt, das erfordert die Schicklichkeit, und so schläft Schiller in seinem Gasthausbett, ohne die Schwestern am Abend noch gesehen zu haben. Der »nächste Augenblick« findet am folgenden Morgen statt, da er Charlotte und auch Caroline kurz wiedersieht. Doch schon vor Mittag bricht er nach Volkstedt auf, das Gepäck hat er vorschicken lassen. Er geht zu Fuß die Saale aufwärts in sein Quartier beim Kantor Unbehaun. Das zweistöckige Haus liegt am Ende der Straße. Am Eingangstor steht eine Pappel, die das Haus überragt. Hinter ihm tun sich Felder und hügelige Wiesen auf. Hier wird er die Ruhe finden, um an seinen Dichtungen zu arbeiten. Weder die Kirche noch die Porzellanmanufaktur, die sich schräg gegenüber dem Unbehaunen Haus befinden, werden ihn stören können.

Nach einer Woche berichtet er Körner von seinem Domizil: »Seit acht Tagen bin ich nun hier in einer sehr angenehmen Gegend, eine kleine halbe Stunde von der Stadt und in einer sehr bequemen heitern und reinlichen Wohnung ... Das Dorf liegt in einem schmalen aber lieblichen Tale, das die Saale durchfließt, zwischen sanft ansteigenden Bergen. Von diesem habe ich eine sehr reizende Aussicht auf die Stadt, die sich am Fuße eines Berges herumschlingt, von weitem schon durch das fürstliche Schloß, das auf die Spitze des Felsens gepflanzt ist, sehr vorteilhaft angekündigt wird, und zu der mich ein sehr angenehmer Fußpfad, längs des Flusses, an Gärten und Kornfeldern vorbeiführt. In der Stadt selbst habe ich an der Lengefeldschen und Beulwitzschen Familie eine sehr angenehme Bekanntschaft.« Indes beteuert er vorsorglich dem Freund, der sich nicht nur um Schiller sorgt, sondern auch ein wenig eifersüchtig über seinen Umgang wacht, so daß Schiller immer wie von ihm ferngesteuert wirkt: »Doch werde ich eine sehr nahe Anhänglichkeit an irgend eine einzelne Person aus derselben sehr ernstlich zu vermeiden suchen.« An demselben Tag, nach einer Woche also, schreibt er aus Volkstedt an eine der »einzelnen« Personen, doch nicht an Charlotte, sondern an Schwester Caroline über ihr gestriges sonntägliches Beisammensein: »Es war ein gar lieblicher, vertraulicher Abend, der mir für diesen Sommer die schönsten Hoffnungen gibt ... Rudolstadt und die Gegend überhaupt soll, wie ich hoffe, der Hayn der Diana werden, denn seit geraumer Zeit gehts mir wie dem Orest in Goethes Iphigenia, den die Erynnen herumtreiben. Sie werden die Stelle der wohltätigen Göttinnen bei mir vertreten und mich von den bösen Unterirdischen beschützen.« Warum soll nun sie ihn beschützen und warum schreibt er zuerst an sie und einen Tag später erst an Charlotte, und an diese zudem in einem kühleren Ton? Hat er in den ersten Tagen tiefere Zuneigung zu Caroline gefaßt und nun einen »vertraulichen Abend« mit ihr verbracht oder liegt es daran, daß ein Nebenbuhler um Charlotte ebenfalls in Rudolstadt bei der Familie Lengefeld weilt? Schiller verfiel schnell in Eifersucht, wenn ein anderer Mann um dieselbe Frau warb wie er. So war es schon bei der Affäre mit Henriette von Arnim oder auch bei der Werbung um Charlotte von Wolzogen gewesen, als er deren vorgeblichen Verlobten, Franz Karl von Winckelmann, verdrießlich argwöhnisch beäugte.

»Heute früh ist Knebel fort«, schreibt Charlotte wiederum einen Tag später, also am Dienstag der zweiten Rudolstädter Woche, in einem Billett nach Volkstedt, nachdem Schiller am Abend zuvor nicht bei den Lengefelds als Gast aufgetaucht ist. Wegen Knebel? Karl Ludwig von Knebel, um fünfzehn Jahre älter als Schiller, aber eben von Adel, der die jungen Frauen liebt, die aber selten ihn, der um die Gunst Charlottes wirbt und darauf hofft, sie als Frau zu gewinnen, damit sein ewiges Junggesellendasein ein Ende habe? Der aber ist nun zurückgekehrt nach Weimar und der Sommer von Rudolstadt kann beginnen. Ein Sommer zu dritt.

*

Man verabredet sich da, wo die Schaale in die Saale fließt, dort wo die Biberpärchen sich küssen, an einem Fleck zwischen Volkstedt und Rudolstadt, »am Wasser«, nennt Schiller den Ort der Rendezvous. Dort nehmen die Schwestern den Dichter in ihre Mitte und gemeinsam schlagen sie den sich schlängelnden Weg durch die Saaleauen Richtung Stadt ein, um den Nachmittag im Haus oder Garten zu verbringen. Holen sie ihn einmal nicht ab und kommt Schiller allein, so kann er schon von weitem

53

unterhalb des Schlosses das grüne Dach des Garten-Pavillons erblicken. In ihm sitzen sie dann beieinander, trinken Tee, plaudern, lesen und reden bis in den Abend hinein, über Literatur und Philosophie, auch über das Leben, bis man sich kurz vor Einbruch der Dunkelheit trennt und Schiller den Weg zurückgeht, den er vor Stunden gekommen ist. Er fühlt sich wohl zwischen den beiden Frauen, wendet sich mal der einen, mal der anderen zu und mit der Zeit häufiger der anderen: »Meine Existenz ist hier gar angenehm«, berichtet er Körner und fährt fort: »Hätte ich weniger zu tun, ich könnte glücklich sein; doch fühl ich meinen Genius wieder.«

Nimmt man diese Briefstelle für wahr und ist sie nicht allein Täuschung des Freundes, indem Schiller falsche Fährten legt, so hindert ihn allein sein Genius, also sein Drang ein Werk schaffen zu müssen, am Glücklichsein. »Ein bißchen mehr ruhiges Blut machte mich zu einem glücklichen Menschen«, berichtet er Körner über seine Unfähigkeit, das Glück des Augenblicks wirklich zu genießen, »ich fühle, daß ich in mir selbst die Ressourcen zum Leben reichlich hätte, aber es muß irgendwie bei mir versehen worden sein.« Verzichtet Schiller wieder einmal auf das Glück, um seinem Genius zu gehorchen, um seinem Werk, dem er untertan ist, zu dienen? Körner hatte in einem Brief etwas mahnend gefragt: »Ich bin neugierig, ob Deine Stimmung an dichterischen Arbeiten fruchtbar sein wird.« Also ist Schiller fruchtbar und verbringt den Morgen im Haus des Kantors Unbehaun am Schreibtisch.

»Ich arbeite fleißig an dem Plan zum Menschenfeind«, beruhigt er Körner, damit der weiß, Schiller dichtet. Der ›Menschenfeind‹ soll ein Schauspiel werden. Zugleich aber führt er die ›Geschichte des Abfalls der Niederlande‹ weiter, eine Schrift, in der er sich als selbstbestimmter Historiker versucht. Er verfaßt Rezensionen, so über die Lebensgeschichte Goldonis, über Goethes Schauspiel ›Egmont‹, und er schreibt ohne große Begeisterung an der Erzählung ›Der Geisterseher‹. Sie erschien in Fortsetzungen in der Zeitschrift ›Thalia‹. Nach der gerade in diesem Mai 1788 erfolgten zweiten Lieferung sollen wegen des großen

Erfolgs weitere folgen, da die Leser fieberhaft auf den Fortgang der geheimnisvollen Erzählung warten. In der Chronik der Stadt Rudolstadt findet Schiller eine Begebenheit, mit der er sich in die Geschichte des Ortes hineinwebt, in dem er die Sommermonate verbringt. In ›Herzog Alba bei einem Frühstück auf dem Schlosse zu Rudolstadt, im Jahr 1547‹ erzählt er eine Anekdote, die »aus mehr als einer Ursache es verdient, der Vergessenheit entrissen zu werden«. Welche Ursache zuerst? Ist es ein Tribut an die Gastfreundlichkeit der Schwestern, eine besondere Aufmerksamkeit, daß er eine Geschichte aus ihrem Heimatort erzählt?

Als Kaiser Karl V. auch nach Thüringen eindrang, wirkte die »verwitwete Gräfin Catharina von Schwarzburg einen Sauve-Garde-Brief bei ihm aus, daß ihre Untertanen von der durchziehenden spanischen Armee nichts zu leiden haben sollten. Dagegen verband sie sich, Brot, Bier und andere Lebensmittel gegen billige Bezahlung aus Rudolstadt an die Saalebrücke zu schaffen, um die spanischen Truppen zu versorgen.« Diese plünderten dennoch, und so lud Catharina den spanischen General Alba zu einem Frühstück ins Schloß. Der »muß gestehen, daß die thüringischen Damen eine sehr gute Küche führen«. Da ließ die Gräfin plötzlich unter dem Motto »Fürstenblut für Ochsenblut« Alba von ihren Getreuen umzingeln und mit Waffen bedrohen. So in die Enge getrieben befahl dieser, das geplünderte Gut den Bauern zurückzugeben. »Die Heldenmütige« nannten ihre Untertanen Catharina, »die Kirche zu Rudolstadt verwahrt ihre Gebeine«. So endet Schiller die Anekdote, die wahr erzählt, nur der Zusatz »Fürstenblut für Ochsenblut« ist eigene Erfindung, ist wahre Lüge der Literatur. Die kurze Erzählung wird in Wielands Zeitschrift ›Deutscher Merkur‹ erscheinen und zeugt ebenso von dem von Körner geforderten Fleiß während der Sommermonate, wie die Anekdote ›Jesuitenregierung in Paraguay‹, deren historischen Ursprung er in einem Buch fand, das er in der Bibliothek des Rudolstädter Kanzlers Carl Gerd von Ketelhodt entdeckte. So arbeitsam Schiller auch ist, muß er Körner doch gestehen: »Ich fange an, diese Arbeit satt zu werden ... Überhaupt ist es keine Arbeit für die schöne Jahrszeit.« Und je länger diese schöne Jahreszeit dauert, desto weniger arbeitet Schiller an seinen literarischen und historischen Vorhaben. »Meine Geschäfte gehen nicht zum Lebhaftesten. Mein unruhiger Geist ist der Darstellung nicht empfänglich. Ich bin mir selbst zu gegenwärtig . . . Die Zeiten sind nicht mehr, wo ich auf ein einziges Objekt alle meine Kräfte zusammenhäufe.« Und er gibt in diesem Brief Körner auch die Gründe dafür an, zumindest vorgeblich, doch vielleicht will er ihn nur täuschen, erneut falsche Fährten legen. »Herz und Kopf jagen sich bei mir immer und ewig, ich kann keinen Moment sagen, daß ich glücklich bin, daß ich mich meines Lebens freue«, behauptet er und freut sich doch des Lebens von Rudolstadt und ist doch glücklich wie selten zuvor, in diesem Sommer mit den Schwestern. »Einsamkeit, Abgeschiedenheit von Menschen, äußere Ruhe um mich her und innere Beschäftigung sind der einzige Zustand, in dem ich gedeihe. Diese Erfahrung habe ich diesen Sommer häufig gemacht«, gibt er vor und genießt die Gesellschaft, in der er sich befindet.

»Du wirst fragen, was ich denn eigentlich will? Das weiß ich selbst nicht. Aber ich fühle, daß ich noch nicht in dem Element schwimme, für das ich eigentlich gehöre«, schreibt er in diesem Brief Mitte August an Körner. Da ist er schon mehr als drei Monate in Rudolstadt, und der Sommer will nicht enden. Schiller verlängert das Glück des Sommers bis in den November hinein. Erst dann wird er zurückgehen nach Weimar. Schweren Herzens.

»Ich lese jezo fast nichts als Homer«, berichtet er Körner, dem Freund, verschweigt aber, daß er Homer nicht allein, sondern zusammen mit den Schwestern liest. Man sitzt im Rund des Gartenpavillons oder bei kühlem Wetter im Salon der Familie Beulwitz. Er hält das Buch in der Hand, liest vor. Und ist in der Hand der Schwestern. Vereinnahmend schauen sie ihn an. Man liest die ›Odyssee‹ in der Versübersetzung von Johann Heinrich Voß, die ›Ilias‹ in der Prosaübersetzung von Friedrich Leopold von Stolberg. Als weitere gemeinsame Lektüre dienen dem Trio die Tragödien der alten Griechen in einer französischen Übersetzung des Pierre Brumoy, die sie mit verteilten Rollen deklamieren. Hinzu kommen Edward Gibbons römische Geschichte und immer wieder Plutarchs Biographien, die gerade von Gottlob Benedict von Schirach übersetzt in acht Bänden vollständig erschienen waren. Schiller hatte sich für diese Doppelbiographien bedeutender Griechen und Römer schon zu Zeiten der Stuttgarter Militärakademie begeistert.

Doch der Sommer ist nicht nur ein Lesesommer. Man spielt auch Theater. Im Frühjahr desselben Jahres hatte die Familie Beulwitz zusammen mit dem Prinzen eine Freitagsassemblée gegründet und dort mit Hilfe des am Hof angestellten Sprachlehrers Gambu französische Komödien einstudiert, in der Hoffnung, ein wenig große Welt nach Rudolstadt zu importieren. Diese Schauspiele werden mit Hofrat Beulwitz selbst, Mitgliedern der Hofgesellschaft und der fürstlichen Familie im Beulwitzschen Garten zur Aufführung gebracht, so ›Le Fou raisonnable‹ (Der vernünftige Verrückte) von Poisson oder ›L'Ecossaise‹ (Die Schottin) von Voltaire. Auch einer der Prinzen von Rudolstadt, der zwanzigjährige Ludwig Friedrich, der Charlotte und Caroline mit Schwesterchen anredet, übernimmt in den Stücken kleine Rollen. Liebhabertheater unter freiem Himmel. Gegen Ende des Abends stimmt Hofrat Friedrich Wilhelm Ludwig von Beulwitz sein Lieblingslied ›Rosen auf den Weg gestreut‹ von Ludwig Hölty an und alle fallen ein. Oder man singt Schillers ›Ode an die Freude‹ in der Vertonung Christian Gottfried Körners, des Freundes, der sich so um Schiller sorgt.

*

Man saß im Beulwitzschen Garten, amüsierte sich, spielte Karten, plauderte, spielte Theater und sang, ein Sommeridyll. Und Schiller war dabei. Mit den Schwestern. Trennte man sich am späten Abend, zog die heitere Gesellschaft singend, wie das Tagebuch des Prinzen erzählt, durch die Neue Gasse, begleitete ihn bis zum Schloßanstieg und wandte sich dann zur Saale, wo Schillers Weg nach Volkstedt begann. War es schon dunkel geworden und fast Mitternacht, so kam der Kantor Unbehaun dem Dichter mit der Laterne entgegen und führte ihn sicher am Fluß entlang ins Haus. Man hatte ja auch getrunken. »Es wurden fröhliche Lieder gesungen und Punsch getrunken«, ist im Tagebuch des Prinzen über einen der geselligen Abende zu lesen. In einem Brief vom 5. Juli erzählte Schiller Körner vom Prinzen: »Die Prinzen sehe ich oft bei Lengefelds; der Erbprinz, der zwanzig Jahre ist, hat viel Gutes und ist sehr bescheiden. Er ist nämlich der Erbprinz des Erbprinzen. Der Fürst ist achtzig Jahre und der Erbprinz bald 50. Der letztere regiert. Das hiesige Land ist so ziemlich gut bestellt, ist fruchtbar und von ziemlichem Umfang. Es wird Weimar wenig nachgeben ... Der junge Erbprinz hat eine Zeichnung aus dem Geisterseher gemacht, die nicht übel geraten ist. Er zeichnet für einen Prinzen ganz gut. Seinen Vater soll ich auch kennenlernen. Dies aber ist ein Pendant, ein beschränkter Mensch, und ich glaube auch ein Kopfhänger«, womit Schiller einen Menschen bezeichnet, der nichts Gescheites zu sagen hat.

In Rudolstadt ist Schiller als der berühmte Dichter der ›Räuber‹ Mittelpunkt des geselligen Lebens. Das kennt er so kaum. In Bauerbach war er von aller Welt abgeschnitten und lebte in Einsamkeit, in Leipzig befand er sich zwar auch oft in geselliger Runde des Kaffeehauses Richter, war aber einer unter vielen, in Dresden indes lebte er vor allem in Gesellschaft Körners, Hubers und der beiden Frauen, als der dritte Mann in aller Freundschaft. In Weimar hatte er im Umfeld der Charlotte von Kalb Kontakt zu einigen Dichtern und Denkern wie zu Wieland und Herder gewonnen, fühlte sich aber gegenüber den »Weimarer Riesen« trotz seiner Körpergröße noch als ein Zwerg. Hier in Rudolstadt lag man ihm zu Füßen. Man sang nicht nur seine ›Ode an die Freude‹, man las fast allabendlich auch seine Erzählung ›Der Geisterseher‹, und wie das Tagebuch des Fürsten, der eben auch die Zeichnung dazu gemacht hatte, vermerkt, las immer ein anderer ein Kapitel daraus vor.

Im August wurde Schiller eine besondere Ehre zuteil. Er besuchte mit den Schwestern das Rudolstädter Vogelschießen, das seit 1722 durchgeführt wurde und zu einem Volksfest geworden war mit Tanz, Musik, Trinkgelagen und eben jenem Vogelschießen, wobei es galt, in einem Preisschießen einen auf einer Stange befestigten Vogel zu treffen. Vier Sommerwochen lang dauerte das Fest, das auf einem zwischen Saale und Stadt gelegenen Anger stattfand, wo 1735 ein Damm gegen die Hochwasser aufgeschüttet worden war, der nun als Promenade und Festplatz diente. Anläßlich dieses Fests mischte sich die Hofgesellschaft gelegentlich unter das Volk. Der Schauspieler Anton Genast beschrieb das so: »Drollig anzusehen war es, wenn die fürstlichen Herren sich um eine Bratwurstbude stellten und dann jeder mit einer Wurst bewaffnet unter dem Publikum einherwandelten; oder wenn sie mit den hübschen Landmädchen in einer Lottobude saßen und die Mädchen mit Wein oder Punsch regalierten; der Schluß war dann gewöhnlich, daß jeder seine hübsche Dirne an den Arm nahm, die Musik herbeigeholt und eine Polonaise eröffnet wurde, die den ganzen Anger und die Säle durchwogte.«

Auch Schiller nahm nicht nur lebhaft an diesem Volksvergnügen teil, der Räuberdichter wurde von Fürst Ludwig Günther II. gar zum Ehrenmitglied der Rudolstädter Schützengilde ernannt.

Zuvor hatte Schiller auf Einladung der Fürstenfamilie schon das Schloß besucht, gemeinsam mit den beiden Schwestern und Wilhelm von Wolzogen. Der machte einen Abschiedsbesuch bei seinen »superklugen« Cousinen, bevor er zu einem längeren Studienaufenthalt nach Paris aufbrach. Der Prinz vermerkte es in seinem Tagebuch: »War die Frau Hofrätin von Beulwitz mit ihrer Schwester, mit dem Herrn Wolzogen und mit dem Rat Schiller in der Bibliothek und in dem Bilderkabinett. Ich zeigte ihnen noch einige Gemälde im Saal und in den neuen Zimmern. Weil Schiller Freund von schönen Aussichten ist, stiegen wir den Schloßturm hinauf, wiesen ihm den Schloßgarten und die Esplanade.« Kurze Zeit nach Wolzogens Besuch erhielt Schiller eine Nachricht, die ihn schockierte und die Sommerfreude trübte. »Ich habe dieser Tage einen Trauerfall gehabt, der mich sehr rührte«, berichtete er Körner, als ob es sich um ein nahes Familienmitglied handelte. Am 5. August war Henriette von Wolzogen nach langer Brustkrebserkrankung dreiundvierzigjährig verstorben. »Ach, sie war mir alles, was nur eine Mutter mir hätte sein können«, schrieb er an den Sohn, den er gerade noch gesehen hatte, »alle Liebe, die mein Herz ihr gewidmet hatte, will ich an ihrem Sohne aufbewahren und es als eine Schuld ansehen, die ich ihr noch im Grabe abzutragen habe«.

Schiller trug eine Dankesschuld ihr gegenüber in sich, da sie ihm in schwieriger Lage Exil in Bauerbach gewährt hatte, und noch Schulden bei ihr bestanden, die er nicht hatte abtragen können. Und er hatte eine Frau verloren, die ihn eine Zeitlang durchs Leben geführt und in die er sich hineingeliebt hatte.

Selten aber war der Sommer von Rudolstadt getrübt, und das Leben hätte für Schiller ein Fest sein können, doch in die Heiterkeit und das Glück mischte sich immer etwas ein. Seine körperliche Anfälligkeit, die ja oft mit trüben Stimmungen einherging, verdarb ihm auch hier wertvolle Stunden und Tage. Von früher Jugend an war er häufig krank gewesen, Katarrhe plagten den Wetterfühligen zunehmend. War es zu kalt und zu regnerisch, oder war es zu heiß, bestand ständig Gefahr, daß seine Bronchien litten und sein Körper mit heftigem Fieber reagierte. Hinzu kam von früh an eine hypochondrische Gestimmtheit, die ihn häufig erkranken ließ, schon bevor er wirklich krank wurde. Schiller, der ja Arzt war und in seiner Studienzeit auch über die geheimen Verbindungen von Seele und Körper geschrieben hatte, wußte einiges über seinen Zustand und die Tatsache, daß seelische Stimmungen und köperliche Leiden einander bedingten. Die Krankheit sei oft nichts anderes als wahre Hypochondrie, hatte er damals festgestellt und hinzugefügt: »Das genaue Band zwischen Körper und Seele macht es unendlich schwer, die erste Quelle des Übels ausfindig zu machen, ob es zuerst im Körper oder in der Seele zu finden sei.«

Zehn Tage nach seiner Ankunft in Rudolstadt hatte sich Schiller zum ersten Mal krank gemeldet. Heftiger Schnupfen, Fieber und Schüttelfrost überfielen ihn, so daß er sein Zimmer beim

Kantor Unbehaun nicht verlassen konnte. »Ich kann Sie heute wieder nicht sehen, und die Ursache ist fast so schlimm als ihre Folge. Ich habe einen heftigen Schnupfen schon seit gestern Abend und Frost und Hitze dabei. Mein Kopf ist ganz hin. Ein heilloser Zustand«, schrieb er an Charlotte. »Sagen Sie mir nur, daß Sie meiner gedenken, ich brauche diesen Trost. Mein Herz ist unter Ihnen. Der Himmel verleihe Ihnen die gute Laune, die mir fehlt.« Die Schwestern ließen per Boten oder von Beulwitz selbst – ein Krankenbesuch ihrerseits schickte sich nicht – Lektüre und Aprikosen bringen, umsorgten ihn, behüten ihn, eine nicht oft gekannte Wohltat. Fast zwei Wochen dauerte es bis zur endlichen Genesung. Von da an blieb er in Rudolstadt gelegentlich über Nacht, um sich auf dem Rückweg nach Volkstedt nicht schlechtem Wetter oder der Abendkühle aussetzen zu müssen.

Anfang August erkrankte Schiller erneut, es sind die Tage, da er vom Tod Henriette von Wolzogens erfahren hatte. Mitte August verließ er dann Volkstedt, um nicht allabendlich den Weg dorthin gehen zu müssen, und zog in die Stadt, in eine Wohnung, die nur um weniges vom Haus der Schwestern entfernt lag. So konnte er ihnen noch näher sein, und sie waren es ihm, denn sie wurden unzertrennlich, die drei. »Wir sind einander hier notwendig geworden, und keine Freude wird mehr allein genossen«, berichtete er dem fernen Freund Körner.

Zahlreiche Spaziergänge und Ausflüge führten in die Umgebung von Rudolstadt. Schiller flanierte zwischen den Schwestern, oft auch Beulwitz an der Seite von Caroline. Begleitet wurden sie gelegentlich von der »Chère Mère«, von Freunden und Freundinnen der Familie, oder vom Prinzen. Man besichtigte die nahe der Stadtkirche gelegene Ludwigsburg, das Stadtpalais des Fürstenhauses, in dem auch ein Naturalienkabinett und ein Teil der fürstlichen Gemäldesammlung untergebracht waren. Es beherbergte auch eine Zeichenakademie, die Charlotte von Lengefeld, selbst begeisterte Zeichnerin, gelegentlich aufgesucht hatte. Man promenierte hinüber zum Heißenhof, einem hochherrschaftlichen Gebäude, das, wie das nahegelegene Schloß

Kochberg, der Familie von Stein gehörte. Hier sah Schiller den Ort, wo zuerst Caroline und dann Charlotte geboren wurden, wo sie aufwuchsen, bis ihr Vater starb, der im übrigen am Tag der Geburt Carolines von Friedrich dem Großen empfangen worden war, und die Familie sich in dem bescheideneren Domizil in der Neuen Gasse eingemietet hatte. Man besichtigte die Gießerei des Johannes Mayer und schaute dem Glockengießen zu, für Schiller die Anschauung, aus der zehn Jahre später sein Gedicht ›Das Lied von der Glocke‹ entstehen wird.

Weiter ins Land hinein ging es die Saale entlang nach Cumbach, wo sich die fürstliche Orangerie mit Gewächsgarten und Park befand. Hier besuchte man auch das Kirchweihfest, auf dem Charlotte mit anderen Männern so heftig tanzte, daß der Dichter, eifersüchtig geworden, den Heimweg allein antrat, sich verlief und nur »durch gerade und krumme Wege gerade bis an das Dorf gekommen« war. Am folgenden Tag meldete er sich bei der Tanzhungrigen mit einem Billett, das er dem Boten für Charlotte übergab. »So haben Sie mir also den Ball wohlbehalten zurückgelegt. Es ist mir ordentlich lieb, daß er vorbei ist«, gab er seine Gefühle preis und moralisierte: »So sehr ich das Vergnügen meiner Freunde liebe, so wünsche ich Sie so selten wie möglich auf Bällen. Ich weiß nicht warum, doch ich habe aus eigener Erfahrung, daß ein Vergnügen, das das Blut so unordentlich erhitzt, und das die besseren Menschen den armseligen so nahe bringt und mit ihnen vermischt, die feinen Gefühle und die edleren Genüsse des Geistes gern auf eine Zeitlang hinwegschwemmt. Ihr Fall ist das nun wohl nicht, aber die Erfahrung ist mir so geläufig, daß ich mich einer geheimen Furcht nicht erwehren kann, wenn ich das, was mir lieb ist, durch eine Reihe fliegen seh mit dem, was mir nicht lieb ist«, schrieb Schillers Eifersucht. Sie schloß: »Wenn ich könnte, sehen Sie, würde ich so ungerecht sein, und Sie allen anderen Menschen mißgönnen.«

Die Ausflüge ins Thüringer Land führten zur Schwarzburg, wo die Fürsten von Schwarzburg-Rudolstadt residiert hatten, bevor sie das Schloß Heidecksburg in Rudolstadt erbauten, und die ihnen weiterhin als Sommer- und Jagdresidenz diente. Man machte sich in der Kutsche nach Blankenburg auf, stieg hoch zur Ruine der Burg Greifenstein. »Gestern habe ich die schönen und ehrwürdigen Ruinen vom Schlosse Plankenburg gesehen, die größten, die mir noch vorgekommen sind. Es verlohnte sich wohl der Mühe, eine Zeichnung davon zu machen. Ich wünschte nur einen Tag hier zuzubringen und mich ganz in die alte Ritterzeit hineinzuträumen«, berichtete Schiller dem Weimarer Kammerrat Cornelius Ridel. In Paulinzella besichtigte er die Ruinen des in der Folge der Reformation zerstörten Klosters. Schiller war selten allein unterwegs. Fast immer waren die Schwestern mit von der Partie und dazu Carolines Ehemann, den sie nicht liebt, den Schiller aber inzwischen schätzte. Größere Gesellschaften, sei es in Rudolstadt, sei es unterwegs, erlebte er mit gemischten Gefühlen. Mal suchte Schiller sie, mal mied er sie, auch aus einer ungewissen Furcht heraus, ihr und sich selbst in ihr nicht zu genügen. Und gelegentlich nahm er ganz allein ein Bad in der Saale, die ihm das sei, was den Indern der Ganges ist, und genoß das Alleinsein.

Sommer wohin?

Ich weiß gar nicht, wo dieser Sommer hingekommen«, schrieb Friedrich Schiller Ende August an Christian Gottfried Körner nach Leipzig. Da währte die kaum getrübte Idylle mit den Schwestern schon gut vierzehn Wochen. Er fühlte, der Herbst ist nah und so auch der Abschied von den beiden Frauen und von glücklichen Tagen. »Ich habe einige recht heitre Tage darin genossen«, fügte er hinzu.

Schiller hatte sich verändert. Hatte er vor kurzem gegenüber dem Freund noch über die dauernde Gesellschaft geklagt, so sprach er nun von der »Leichtigkeit in Gesellschaft zu gehen«, fügte indes scheinbar reumütig hinzu, daß diese indes nicht zur »Beförderung meines Fleißes« beitrage. »Doch ich komme nicht aus der Übung«, beruhigte er seinen Mentor.

Und im Gefühl der zuvor kaum vermuteten Glückseligkeit verlängerte Schiller den Sommer immer weiter. In Weimar fragte man sich schon, wo er wohl bliebe. Auch Charlotte von Kalb wartete ungeduldig auf seine Rückkehr, suchte in seiner Abwesenheit häufig die Familie Herder auf. Oder sie hörte Karl Ludwig Knebel zu, der ihr immer wieder Verse römischer Dichter in eigener Übersetzung vorlesen mußte, auch erotische Gedichte, was er gern tat, denn er liebte es, sinnliche Frauen um sich zu haben und ihre Sinnlichkeit Vers um Vers anzustacheln. Daraufhin schrieb Knebels Schwester Henriette amüsiert: »Die kleine Kalb ist gar artig, und wünscht sich nur immer, aus dem Properz zu hören. Sie glaubt, sie sei Cynthia.« In Properz' Gedicht ›Nächtlicher Besuch‹ liest man über diese Cynthia: »So schien Cynthia mir behagliche Ruhe zu atmen –/ in den leicht schwankenden Arm war ihr Köpfchen geschmiegt –,/ als ich trunken vom Wein mich nur mühsam vorwärtsbewegte/ spät: die begleitende Schar schwang ihre Fackel dabei./ Doppelt war ich erhitzt: von Amor und Bacchus, den Göttern./ Beide, gewaltsam und streng, heischten befehlend von mir,/ wie sie so lag, meinen Arm ihr ganz sacht unterzuschieben,/ sie zu küssen und so kühn zu eröffnen den Kampf.« Und zu Ende des Gedichts folgt, was Charlotte wegen des so seltenen Besuchs des Liebhabers der Cynthia gerührt haben mag: »Manchmal weinte ich still vor mich hin, daß ich so verlassen/ und du des öfter so lang bei einer andern verweilst.«

Schiller weilte immer noch in Rudolstadt, das ja nur eine knappe Tagesreise entfernt war. Gerüchte schwirrten durch Weimar, so daß Wieland an Schiller schrieb: »Man glaubt hier, Sie amüsierten sich sehr gut in Ihrer Retraite, und legt einen Teil des Verdienstes, Ihnen diese Secessum angenehm gemacht zu haben, auf die schönen oder doch auf eine schöne Rudolsteinerin.«

Welche der beiden Schwestern mag mit der Schönen von Rudolstadt gemeint gewesen sein? Die Verlängerung des Sommers wird seine Zuneigung zu den Schwestern, zu beiden, noch vertiefen, und ihre zu ihm.

Der lange Sommer schenkt Schiller noch ein unerhörtes Ereignis, einen Moment, auf den er lange gewartet hat. Er begegnet Goethe. Im Haus der Schwestern. Und die eine der beiden, die Praktische, hat alles in die Hand genommen, diese Begegnung initiiert und geschickt eingefädelt. Doch dieser Höhepunkt des Sommers 1788 mündet in eine Enttäuschung.

»Goethe ist jetzt bei Ihnen. Ich bin ungeduldig ihn zu sehen. Wenige Sterbliche haben mich so interessiert«, hatte Schiller über seinen Nachbarn, der Mitte Juni aus Italien in sein Weimarer Domizil am Frauenplan zurückgekehrt war, an Cornelius Ridel, den Erzieher des Weimarer Erbprinzen, Anfang Juli geschrieben, und an Körner vierzehn Tage später: »Ich bin sehr neugierig auf ihn, auf Goethe, im Grunde bin ich ihm gut, und es sind wenige, deren Geist ich so verehre«, und so fieberte er und mit ihm Körner in der Ferne noch mehr einem ersten Zusammentreffen mit dem Heimkehrer entgegen.

Wie aber kam es dazu, daß Goethe und Schiller ausgerechnet im Haus der Schwestern Lengefeld einander in Augenschein nahmen? Am 31. August war Charlotte, nachdem am Tag zuvor Knebel wieder einmal Gast ihrer Familie war, für einige Tage zu ihrer Patentante Charlotte von Stein ins nahe Kochberg gefahren. Fünf Tage später tauchte dort Goethe in Begleitung von Caroline Herder, Charlotte von Schardt, Fritz von Stein und dessen Vater auf. Goethe hatte sich Frau von Stein im Laufe seines fast zweijährigen Italienaufenthalts entfremdet, während sie befremdet gewesen war über dessen plötzliche Abreise nach Italien, ohne sie vorher benachrichtigt zu haben, so daß diese wie eine Flucht vor ihr wirken mußte. Nach seiner Rückkehr Mitte Juni war eine noch größere Kühle zwischen die beiden getreten, hatte er doch zudem kurz darauf in Christiane Vulpius eine junge Frau kennengelernt und sich mit ihr sofort in eine erotische Liaison gestürzt. Nun erzählte er in Kochberg, wo er früher anregende und behagliche Wochen mit Frau von Stein verbracht hatte, von den Italienerlebnissen und von seinen Dichtungen, die dort gereift und beendet worden waren, wie dem ›Tasso‹, wie der ›Iphigenie‹.

Charlotte Lengefeld aber dachte an Schiller und heckte einen Plan aus. Sie lud Goethe mit der ganzen Gesellschaft auf den übernächsten Tag, einem Sonntag, nach Rudolstadt ein. Tagsdrauf kehrte sie nach Hause zurück, erbat sich von Schiller die Märzausgabe des ›Merkur‹, in der sein Gedicht ›Die Götter Griechenlands‹ abgedruckt war.

> Da ihr noch die schöne Welt regiertet,
> An der Freude leichtem Gängelband
> Glücklichere Menschenalter führtet,
> Schöne Wesen aus dem Fabelland!
> Ach! da eurer Wonnedienst noch glänzte,
> Wie ganz anders, anders war es da.«

So beginnt das im vergangenen Winter von Weimar geschriebene Gedicht, das Schiller mit Goethe ins Gespräch bringen soll. Am Sonntagmorgen – es ist der 7. September 1788 – trifft die Kutsche aus Kochberg in der Neuen Gasse ein. Goethe entsteigt ihr, es folgen Charlotte von Stein mit Mann und Sohn Fritz, Frau Herder und die kleine Frau von Schardt. Die »Chère Mère« begrüßt Goethe und die anderen Gäste, dann erst heißen Hofrat von Beulwitz mit Frau Caroline, schließlich auch Charlotte Lengefeld den Dichter willkommen. Zum Mittagsmahl im Salon des Beulwitzschen Hauses kommen weitere Personen hinzu, die Familien von Ketelhodt, von Gleichen und ein Nachbar. Auch Schiller bittet man zu Tisch, stellt ihn Goethe vor. Man speist und lauscht dabei dessen Erzählungen über Italien, über das glückliche und genußreiche Leben dort. Goethe schwärmt von der Liebenswürdigkeit der Malerin Angelika Kauffmann, bei der er häufig zu Gast war und die ihn durch das römische Leben geführt hat. Nach dem Essen begibt die Gesellschaft sich in den Garten und leiht weiter dem Dichter ihr Ohr, Goethe. Und Schiller? Und Schiller und Goethe?

»Unsere Bekanntschaft war bald gemacht und ohne mindesten Zwang; freilich war die Gesellschaft zu groß und alles auf seinen Umgang zu eifersüchtig, als daß ich viel allein mit ihm hätte sein können«, wird Schiller nach Leipzig berichten und mit folgendem Satz beginnen: »Endlich kann ich Dir von Goethen erzählen, worauf Du, wie ich weiß, begierig wartest.« Gleich Schiller und Körner hatte auch Charlotte dieser ersten Begegnung entgegengefiebert. Wie zufällig hat sie das Merkurheft mit den ›Göttern Griechenlands‹ in Goethes Nähe auf einen Tisch plaziert. Der blättert darin und erbittet es sich zur Lektüre. Und nimmt es mit nach Weimar.

Am frühen Abend fährt Goethe ab. Schiller und die Schwestern bleiben zurück. Sie sind enttäuscht. Charlottes Plan ist nicht aufgegangen. Zu gern hätte sie gesehen, daß der von ihr so verehrte Dichter Goethe sich mit ihrem Dichter, mit Schiller, verstanden, daß sie womöglich eine Freundschaft gestiftet hätte. Doch die Begegnung war förmlich, war kühl distanziert. Die bei-

Charlotte von Lengefeld
Caroline von Beulwitz,
geb. von Lengefeld

den Dichter sind sich nicht nähergekommen. Schiller blieb für
Goethe der Dichter der ›Räuber‹, ein ungebärdet sich gebender
stürmischer junger Mann. Als solchen nur kannte er ihn durch
dessen Schauspiele aus der Zeit, bevor er nach Italien gegangen
war. Er war ihm fast so verhaßt wie der Dichter Wilhelm Heinse,
den Goethe später einmal in einem Atemzug mit ihm nennen
und beide als Beispiele für eine Literatur anführen wird, die ihn
»äußerst anwiderte«. Schiller bezeichnet er da rückblickend als
»unreifes Talent«, das »die ethischen und theatralischen Parado-
xien, von denen ich mich zu reinigen gestrebt, recht in vollem
hinreißenden Strome über das Vaterland ausgegossen hatte«.
Und Schiller selbst? »Sein erster Anblick stimmte die hohe Meinung ziemlich tief herunter, die man mir von dieser anziehen-
den und schönen Figur beigebracht hatte. Er ist von mittlerer
Größe, trägt sich steif und geht auch so, sein Gesicht ist ver-
schlossen, aber sein Auge sehr ausdrucksvoll«, schilderte er
Goethe Körner gegenüber. »Im Ganzen genommen ist meine in
der Tat große Idee von ihm nach dieser persönlichen Bekanntschaft nicht vermindert worden, aber ich zweifle, ob wir einander je sehr nahe rücken werden ... Er ist mir (an Jahren weniger

als an Lebenserfahrung und Selbstentwicklung) so weit voraus, daß wir unterwegs niemehr zusammen kommen werden ... Seine Welt ist nicht die meinige. Indessen schließt sichs aus einer solchen Zusammenkunft nicht sicher und gründlich. Die Zeit wird das weitere lehren.«

Die Zeit wird in der Tat anderes lehren, aber bis dahin vergeht noch viel Zeit. Erst einmal werden beide zueinander auf Distanz bleiben, auch in Weimar, wo nur wenige Meter zwischen ihnen liegen, man sich kaum aus dem Weg gehen kann, sich aber aus dem Weg geht. Dorthin kehrte Goethe zwei Tage später von Kochberg aus zurück. Schiller wird in wenigen Wochen Rudolstadt für Weimar verlassen.

Doch bis zum Abschied Schillers im November wird noch einiges geschehen, was die Herzen und die Gemüter des Trios in Erregung und Verwirrung versetzen und durcheinanderbringen wird. Am Tag nach der von Charlotte eingefädelten Begegnung Schillers mit Goethe nahm Mutter Lengefeld ihre Tochter mit nach Kochberg, wo sie einige Tage blieben. Kurz darauf fuhren die beiden Schwestern mit der Mutter nach Jena, um Knebel zu besuchen, Schillers Rivalen um die Gunst Charlottes. Der erkrankte daraufhin erneut an rheumatischem Fieber verbunden mit starken Zahnschmerzen, fühlte sich verlassen und war nun oft schlaflos in Rudolstadt.

Im Oktober wurde Charlotte von ihrer Mutter für mehr als eine Woche nach Kochberg zu Frau von Stein geschickt. Was war geschehen? Die Zuneigung ihrer jüngeren Tochter zu dem Dichter war der Chère Mère nicht entgangen. Empfindet sie deren Nähe zu Schiller als eine Gefahr? Auch wenn sie den Plan hatte, für Charlotte eine Anstellung als Hofdame zu finden, so hatte sie es doch noch nicht ganz aufgegeben, für sie eine gute Partie zu suchen. Das wäre der Dichter nun wirklich nicht, der immer in Geldsorgen lebte und kein Auskommen in Sicht hatte, zudem nicht von Adel war. War aber Charlotte nicht im Haus, so war Schiller mit der Schwester Caroline allein. Und die versteckte ihre Zuneigung zu dem Dichter nicht, ja sie offenbarte sie ihm. Klagte sie gar seine Liebe ein?

»Sie haben mir gestern recht viel Freude gemacht und zurückgelassen«, gestand Schiller ihr nach einem der Tage, den sie miteinander ohne die Schwester verbracht hatten. Er meinte gar in diesem Billett, das die wenigen Meter zu ihr per Boten zurückgelegt hatte: »Wir können einander das bißchen Leben und Dasein recht angenehm durchbringen helfen, das finde ich mit jedem Tag mehr – und das ist doch nicht immer zu haben, wenn man es will, das können uns wenig Menschen. Wie glücklich bin ich durch Ihren Umgang, und wie viel wird er mir mit jedem Tage.« Die Zweisamkeit zweier unglücklicher Menschen hatte sie einander derart nahe gebracht, daß Schiller diese Liebeserklärung schrieb, die ein Heiratsantrag wäre, wäre die Frau, an die sie adressiert war, nicht schon verheiratet. Unglücklich zwar, das hatte er in den vergangenen Monaten bestätigt bekommen und das wird sie ihm auch ausführlich erzählt haben in den zweisamen Stunden, die seiner Einsamkeit und ihrem Unglück eine Pause verschafften. Er schrieb: »Längst schon hasse ich meine isolierte Existenz; es ist eine notwendige Bedingung meiner Glückseligkeit, mich als den Teil eines andern Ganzen zu fühlen.«

Auch Caroline führte an der Seite ihres Mannes, den sie nicht liebte, der sie krank machte, eine einsame, isolierte Existenz und würde liebend gern Teil eines anderen sein. So spricht Liebe, Liebessehnsucht aus Verzweiflung. Schiller fuhr fort: »Alle Bitterkeit, die von jeher in mein Leben gemischt worden sind, haben keine andere Quelle gehabt als meine – Einsamkeit in dieser geselligen Schöpfung.« Und er führte seine bis dahin gescheiterten Versuche an, einen Menschen fürs Leben zu finden. »Die vielen fehlgeschlagenen Versuche, die ich angestellt habe, ihr zu entfliehen, haben sie mir noch drückender und unleidlicher gemacht.« Er schloß diese Heiratserklärung an eine verheiratete Frau: »Ich wollte, daß ich Ihnen meine ganze Seele übertragen könnte.« Wollte, könnte, da Schiller doch weiß, Caroline ist gebunden, und dennoch ist Liebe.

Wenige Tage nach diesem Brief an Caroline war Schwester Charlotte wieder zu Hause angelangt, an der Seite ihrer Schwester und an der Seite Schillers. Was nun? Zwölf Tage lang war man erneut zu dritt im Haus, indes unter den wachsamen Augen der Chère Mère. Wem neigte Schiller stärker zu? »Mutter und Töchter sind mir gleich lieb und wert geworden, und ich ihnen auch«, hatte Schiller Ende Juli an Körner geschrieben, dem er aber in diesen Tagen und Wochen oft mehr verschwieg, als daß er die Wahrheit sagte, wenn er etwas sagte. »Es war recht gut getan, daß ich mich gleich auf einen vernünftigen Fuß gesetzt habe, und einem ausschließlichen Verhältnis so glücklich ausgewichen bin«, und meinte damit wohl eher Charlotte als Caroline, obwohl er doch so gern glücklich wäre mit einer Frau, die ihm ergeben ist. »Es hätte mich um den besten Reiz dieser Gesellschaft gebracht«, und er fügte eine Charakterisierung der Schwestern an: »Beide haben etwas Schwärmerei, was Deine Weiber nicht haben«, womit er auf die Schwestern Dora und Minna Stock anspielte. »Doch ist sie bei beiden dem Verstande subordiniert und durch Geisteskultur gemildert. Die Jüngere ist nicht ganz frei von einer gewissen Coquetterie d'esprit, die aber durch Bescheidenheit und immer gleiche Lebhaftigkeit mehr Vergnügen gibt als drückt.«

Schiller gab also vor, einem ausschließlichen Verhältnis zu einer der beiden Schwestern ausgewichen zu sein. Kann er sich nicht entscheiden oder will er sich nicht entscheiden? Oder entschiede er sich für die eine, wenn sie frei wäre, oder entschiede er sich für die andere, wenn sie Aussicht gäbe, das erhoffte »Medium« für ihn zu sein?

Die ältere Caroline verführte ihn durch ihre erotische, laszive Art und Weise ihn zu umgarnen, ihn seine eigene Sinnlichkeit spüren zu lassen, die jüngere Charlotte eher durch ihr nicht ausgesprochenes Versprechen, ihm ganz ergeben zu sein. Daher neigte er während des Sommers lange Zeit der letzteren, der Heiratbaren, zu, bis gegen Ende des Sommers, als er mit Caroline viel allein war, sein Herz mehr für diese schlug.

Sitzt er nur mit ihr im Gartenpavillon oder im Salon, Beulwitz ist noch bei Hofe, die Mutter im Nachbarhaus, Charlotte fern und nur ihr Schoßhund Grigri oder die Hauskatze Toutou sind zugegen, so plaudern sie, tauschen Gedanken, schütten einander ihr Herz aus, schauen sich in die Augen, ein Kuß ist denkbar, ist nah, vielleicht auch geküßt worden, vielleicht auch mehr, so ist der so leicht verführbare Schiller einem Geständnis der Liebe zu ihr nah, wie in jenem Brief vom September. Ist er dagegen mit Charlotte im Pavillon oder im Haus allein, so liest sie ihm jeden Wunsch von den Augen ab, bewundert den Dichter, ist ihm ganz ergeben, würde ihn liebend gern an die Hand nehmen und durch das Leben führen. Das braucht er, das weiß Schiller. Doch sie kann sich im Gegensatz zu ihrer Schwester kaum offenbaren, ihn ihre Liebe fühlen lassen. Dezenz hat man sie ja auch genannt. Caroline, die selbst davon träumt zu schreiben und auch schreibt, sieht in Schiller einen Seelenverwandten, wenn sie mit ihm über Literatur und Philosophie redet, geistreich, witzig, leidenschaftlich. Das steckt den kühlen Schiller an, regt seine Phantasien an. Jeden Abend und jeden Morgen denke er an sie, hat er ihr in jenem Liebesbrief vom September geschrieben. Als Schiller Mitte August von Volkstedt in die Stadt gezogen war, den Schwestern näher sein konnte, da schien er noch Charlotte geneigter, schrieb an sie: »Mein Logis hätte gar keinen Fehler, wenn es Ihnen gegenüber wäre. Ich brächte den Spiegel in meinem Zimmer an, daß mir Ihr Bild gerade vor dem Schreibtisch zu stehen käme, und dann könnte ich mit Ihnen sprechen, ohne daß es ein Mensch wüßte.«

Zuvor schon hatte sie ihm, ohne Dezenz diesmal, angeboten: »Mein Stübchen erwartet Sie, und mein Schreibtisch, es ist mir lieb, daß Sie auch in meinem Eigentum einmal leben, es wird mir eine freundliche Erinnerung geben, wenn wir nicht mehr zusammen sind. Es ist ein böser Gedanke, der sich da einmischt.«

Das klingt nach Innigkeit, nach Nähe und Vertrautheit, wie umgekehrt auch, wenn sie ein Billett Schillers öffnete und darin lesen konnte: »Wie haben Sie denn heute Nacht in Ihrem zierlich Bette geschlafen?« Zugleich aber fand sie darin die Frage, wie es ihrer Schwester denn ginge und, »liegt sie noch im weichen schöngeglätteten Bette?« Intime Anspielungen, die aber noch Anspielungen der Literatur sind oder sich derer bedienen, sind es doch Wortschöpfungen, die aus der gemeinsamen Lektüre von Homers ›Odyssee‹ stammen. Und doch! Wie weit führen da die einsamen nächtlichen Phantasien und die Tagträume des zwar pietistisch erzogenen, aber inzwischen frauenerfahrenen und -süchtigen Schiller, der den Schwestern so nah und durch Konvention doch so weit entfernt ist?

Und welche Sehnsüchte hegt Charlotte in Herz und Kopf, die fromm erzogene adlige Kleinstadttochter? Und welche treiben Caroline, die zwar verheiratete, aber nach Liebe und Intimität heischende Ehefrau?

»Sagen Sie mir, was ist zwischen uns?«, fragte Caroline Schiller in ihrer Ungewissheit ob seiner Sehnsüchte, die sich oft hinter Launen versteckten, »ich kann es nicht dulden, daß sich Wolken zwischen uns zusammenziehen ... Ich habe trübe Stunden« – da reißt der Brief ab.

Wann entstand die Idee und alsdann der Wunsch einer Liaison zu dritt in Schiller und in Caroline, Idee und Begehr, die Charlotte nicht wird teilen können? Schiller hätte in einer solchen Liaison beide Frauen an seiner Seite, die praktische Charlotte, die ihm ergeben ist, ihn anrührt, aber immer ein wenig kühl und zurückhaltend ist und die leidenschaftliche Caroline, die ihn berührt und seinen Kopf, sein Herz und seinen Körper fordert.

»Ihre beidseitige Harmonie ist ein schöner Genuß für mich«, gesteht Schiller ihnen gegen Ende des Sommers, »weil ich Sie in meinem Herzen vereinige, wie Sie sich selbst vereinigt haben ... Es ist gar niederschlagend für mich, Sie mir getrennt zu denken, weil ich dann immer eine, wenn nicht beide, entbehren müßte«, phantasiert er sich hinein in einen Dreierbund, dessen Grundlage in den Schwestern schon selbst angelegt gewesen sein soll.

Caroline hätte, blieben sie zu dritt einander nah, sowohl Schiller als auch die Schwester bei sich, verlöre ihn nicht, da er immer auch bei Charlotte ist, selbst wenn sie weiter an der Seite ihres ungeliebten Mannes leben müßte, aus Konvenienz.

*

»Er wollte auf uns wirken«, wird Caroline viel später über den Sommer zu dritt schreiben. Und er hat gewirkt. Der Dichter. Und wäre Schiller kein Dichter gewesen? Er war kein Beau, war ein zu großer, hagerer, ungelenker Mann, mit rotblondem, ein wenig schütterem Haar, oft ungepflegt, mit leicht entzündeten Augen, einer angegriffenen Stimme, und wenn er sprach, dann oft hastig und mit überaus starkem schwäbischem Akzent. Kein Verführer. Verspürten die Frauen aber doch eine Sehnsucht nach ihm, dem Dichter in ihm? Schiller weiß, ein Dichter kann Frauenherzen allein dadurch daß er Dichter ist erobern, also setzt er seine Dichtung ein. Das Gedicht ist das Lockmittel, lockt die Frauen, die ihm verfallen und ihn verführen sollen.

Die letzten Wochen eines Sommers, der schon keiner mehr war, denn der Herbst hatte begonnen, sah sich Schiller immer eingezwängter zwischen den beiden Frauen. Spannungen entstanden, die nicht erotischer Natur waren. Es begann ein Kampf der Schwestern um den Dichter.

Kam Charlotte aus Kochberg zurück, so fühlte sie die neue Nähe zwischen ihrer Schwester und Schiller, war verstimmt, fühlte sich ausgeschlossen, zog sich zurück, wurde noch kühler, machte aber keine Vorwürfe, weder Schiller noch ihrer Schwester. Aber sie buhlte, ja kämpfte um Schillers Liebe, denn sie wußte, sie hat ihn nicht verloren, wenn sie ihn umsorgte. »Die kleine Dezenz« wirkte in Stille, in zweiter Reihe, erklärte sich kaum. »Oft meine ich, Ihnen viel, gar viel gesagt zu haben, und doch finde ich zu anderen Zeiten, daß ich noch weit mehr hätte sagen können und sagen wollen«, schrieb sie dem Dichter.

»Kommen Sie in den Garten oder in meine Stube«, las Schiller indes in einem Billett, das ihm Caroline schickte, »ich will Ihnen alles erzählen.« Und natürlich kam Schiller, blieb bei ihr und floh im rechten Augenblick.

Da machte die Chère Mère allem ein Ende. Sie spürte den Kampf ihrer beiden Töchter um den Dichter, der zu einem stillen Drama werden konnte. Sie wird sie wegschicken. Ein Wink auch für Schiller zu gehen. Der aber wollte nicht gehen und sorgte sich, ob die Liaison mit Charlotte oder zu dritt mit Charlotte und Caroline auf Entfernung Bestand haben kann: »Ich weiß nicht, ich habe keinen großen Glauben an die Zukunft. Ist es eine Ahnung? Oder ist es nur eine schwarze Laune?« Die Melancholie im November bestimmte die letzten Tage von Rudolstadt. Doch bevor der verlängerte Sommer in diesen Herbsttagen endgültig ein Ende fand, feierte man noch Schillers Geburtstag am 10. November. Er ging in sein dreißigstes Jahr, in dem man ja, folgt man Ingeborg Bachmann, nicht aufhört, jemanden jung zu nennen, der aber unsicher wird, ob er noch jung ist.

Am Vorabend des Geburtstags, einem Sonntag, sitzen sie ein letztes Mal im Salon des Hofrats von Beulwitz zusammen und Schiller liest der Familie ein neues Gedicht vor, ›Die Künstler‹, und ist dabei selbst ganz Künstler, ganz Dichter. Noch einmal will er wirken, bevor er gehen, die Schwestern verlassen muß.

> Wie schön, o Mensch, mit deinen Palmenzweigen
> Stehst du an des Jahrhunderts Neige
> In edler stolzer Männlichkeit,
> Mit aufgeschloß'nem Sinn, mit Geistesfülle,
> Voll milden Ernsts, in tatenreicher Stille,
> Der reifste Sohn der Zeit,
> Frei durch Vernunft, stark durch Gesetze,
> Durch Sanftmut groß, und reich durch Schätze,
> Die lange Zeit dein Busen dir verschwieg,
> Herr der Natur, die deine Fesseln liebet,
> Die deine Kraft in tausend Kämpfen übet,
> Und prangend unter dir aus der Verwildrung stieg!

So hebt das Gedicht an, dem man weiter und weiter lauscht:

> Die Kunst, o Mensch, hast du allein.
> Nur durch das Morgentor des Schönen
> Drangst du in der Erkenntnis Land.

Das Morgentor des Schönen zum Paradies der Erkenntnis aber stößt der Künstler, der Dichter auf, der zugleich der Freiheit freiester Sohn sei. Diese Worte, diese Erkenntnisse beeindrucken die Damen von Rudolstadt, haben sie doch einen dieser freiesten

Söhne in ihrer Mitte. Und der verspricht auch ihnen eine neue
Freiheit.

> Doch höher stets, zu immer höhern Höhen,
> Schwang sich der schaffende Genie.

Einige Strophen später hören Charlotte und Caroline:

> So schimmert auf dem dürft'gen Leben
> Der Dichtung muntre Schattenwelt

Ja, aus dem dürftigen Leben wollen sie erlöst werden, beide, und
Erlösung verspricht ihnen nur der Dichter, den sie noch im Haus
haben.

> Der Dichtung heilige Magie
> Dient einem weisen Weltenplane
> Still lenke sie zum Ozeane
> Der großen Harmonie.

Man schweigt, man ist beglückt, als Schiller das Gedicht geendet
hat. Am Tag darauf wird man nachmittags den Geburtstag des
Dichters feiern. Dann wird man sich trennen müssen. Aber nur
auf Zeit, das verspricht man sich, stillschweigend. Die Mutter ist
doch dabei.

Aber Schiller hat gewirkt. Und die Wirkung bleibt, ist Balsam
für die kommenden Wochen und Monate, bis man sich wieder-
findet. Charlotte hat dem Dichter eine Vase geschenkt. Die wird
er mitnehmen.

Am 12. November, einem Mittwoch, werden Charlotte und
Caroline nach Erfurt zu ihrer Freundin Karoline von Dacheröden reisen. Schiller wird an demselben Tag einen anderen Weg
nehmen, nach Weimar.

In der Nacht um 11 Uhr hat Charlotte an Schiller noch ein
kleines Billett geschrieben, das sie ihm zukommen läßt, und damit gegenüber ihrer Schwester das letzte Wort hat: »So sind wir
denn wirklich getrennt! Kaum ist's mir denkbar, daß der lang ge-

fürchtete Moment nun vorbei ist . . . Und morgen soll dies alles nicht mehr so sein?«

Am folgenden Morgen ist es doch Wirklichkeit. Die Wagen fahren vor, vor Schillers Wohnung und vor dem Haus der Schwestern. Er antwortet auf das Billett Charlottes noch nicht, notiert aber schon einmal jedoch an beide Schwestern: »Eben seh ich Ihren Wagen herauffahren. Es ist mir, als reisten wir miteinander. Ich möchte Sie doch gern heute noch sehen, wärs auch nur von weitem, und einen Augenblick. Die Anstalten zur Reise betäuben mich, und ich werde erst, wenn ich unterwegs bin, zu mir selbst kommen.« Schiller beschwört in diesem Billett, das er noch in Rudolstadt beginnt und unterwegs fortsetzt, ein baldiges Wiedersehen, beschwört die »teure« Erinnerung und schließt an Charlotte und an Caroline, also ausdrücklich an beide: »Ja meine Lieben, Sie gehören zu meiner Seele und nie werde ich Sie verlieren, als wenn ich mir selbst fremd werde.«

Aber wird der, der sich so oft selbst schon fremd war, nicht immer wieder sich selbst fremd werden?

Stille Post

Am Mittwoch gegen 17 Uhr trifft Schiller in Weimar ein und betritt seine Wohnung in der Frauentorstraße. Alles hier ist ihm fremd geworden in den sechs Monaten, die er in Rudolstadt verbracht hat.

Die beiden Schwestern sind derweil in Erfurt angekommen. Zwei Tage nur werden sie bei ihrer Freundin Karoline von Dacheröden, der Tochter des Kammerpräsidenten von Erfurt, bleiben. Am Freitag schon kehren sie in ihr Haus nach Rudolstadt zurück, in eine Leere, die gewachsen ist, seitdem Schiller da gewesen und nun wieder weg ist. Aber sie werden einen Brief erhalten.

»Mein erster ruhiger Augenblick ist für Sie«, hatte er ihnen am Donnerstag abend geschrieben. »Ich komme eben nach Hause, nachdem ich mich den ganzen Tag bei den Leuten herumgetragen habe, und für diese Mühe belohne ich mich mit einem recht lebhaften Andenken an meine teuren Freundinnen, die ich heute nicht zu sehen mich gar noch nicht gewöhnen kann.« An diesem ersten Tag von Weimar hatte Schiller mit Christoph Martin Wieland über die Fortführung des ›Merkur‹ verhandelt, dessen weiteres Erscheinen bedroht war. Und umgehend hatte er Charlotte von Kalb aufgesucht, die jedoch nicht allein war, wie er sich zu betonen beeilte in diesem Brief an die Schwestern. Mit ihr war es während der Tage von Rudolstadt brieflich zu einer Verstimmung gekommen, wie Schiller Körner schon Mitte Oktober vermeldet hatte: »Ich widerrufe nicht, was ich von ihr geurteilt habe, sie ist ein geistvolles edles Geschöpf – ihr Einfluß auf mich aber ist nicht wohltätig gewesen.«

Das hat Schiller gemerkt, als er in der Gegenwart zweier anderer Frauen die letzten Monate verlebt hat. Diesen schrieb er nun nach dem Wiedersehen mit Charlotte von Kalb:»Dies ist der erste Tag, den ich ohne Sie lebe. Gestern noch habe ich doch Ihr Haus gesehen und eine Luft mit Ihnen geatmet. Ich kann mir nicht einbilden, daß alle diese schönen seelenvollen Abende, die ich bei Ihnen genoß, dahin sein sollen; daß ich nicht mehr wie diesen Sommer, meine Papiere weglege, Feierabend mache und nun hingehe mit Ihnen mein Leben zu genießen.«

Schiller weiß, wie schwerlich er zum Leben kommen, es genießen kann, verbietet er sich doch selber zumeist die Freuden des Lebens.»Nein ich kann und darf es mir nicht denken«, beschwor er und weiß doch, nur das Leben zwischen den beiden Frauen, gerade auch weil sie so verschieden sind und daher alle Seiten in seinem Gemüt anzuschlagen vermögen, ist Garant für den Genuß, jenen Genuß, der nur außerhalb der Arbeit – nach »Feierabend« möglich ist. Dichten ist für Schiller immer Arbeit, nie Leichtigkeit, nicht selbst schon Genuß. Leicht und heiter kann er nur unter Freunden und zwischen Frauen sein, und selbst das selten.»Ich scheine mir hier ein abgerissenes Wesen«, stellte er in Weimar fest und betonte, sein Herz lebe unter den Schwestern, und der Sommer sei nur noch ein schöner Traum. »Ich habe mir die Trennung von Ihnen durch Vernünfteleien zu erleichtern gesucht, aber sie halten die Probe nicht aus, und ich fühle, daß ich einen Verlust an meiner Seele erlitten habe.«

Erst in Rudolstadt hat er an der Seite der beiden Frauen unvermutet einen ihm bisher verborgenen Teil seines Selbst entdeckt und fürchtet nun, diesen wieder und für immer zu verlieren. Dort konnte er heiter sein, seine »schwarze Laune« vergessen. Aber er rief sich zur Raison:»Ich darf der Erinnerung nicht nachhängen.« Da ist sie wieder, die Lust an der Züchtigung des Selbst. Er wird sich wieder der Arbeit hingeben, in die Pflicht nehmen. Am zweiten Tag in Weimar schrieb er an Körner, der weiterhin die Kontrollinstanz bleibt, die über sein Ich herrscht:»Ich werde diesen Winter gar einsam hier leben, weil ich alle meine Kraft und Zeit zusammennehmen will. Es ist viel stilles Vergnügen in dieser Existenz.« Er berichtete von seinen Plänen und

Vorhaben, rechtfertigte sich Körner gegenüber, daß er den Sommer über viele Projekte habe liegenlassen. »Indes will ich mich zusammennehmen«, versprach Schiller und sprach von den Abenden, die er zuletzt »sündlich« in Gesellschaft verloren habe. Vergnügen ist letztlich immer Sünde für den pietistisch erzogenen Schiller. Und doch kam er auch auf die Vergnügungen des Sommers von Rudolstadt zurück und pries den »geistvollen Umgang« dort. »Ich fand Herzlichkeit, Feinheit und Delikatesse, Freiheit von Vorurteilen und sehr viel Sinn für das, was mir teuer ist. Dabei genoß ich einer unumschränkten innern Freiheit meines Wesens und höchste Zwanglosigkeit im äußerlichen Umgang.« Aber: »Mein Herz ist ganz frei«, beteuerte er, »Dir zum Troste.« Was soll das bedeuten, »Dir zum Troste«? Was schuldet er Körner?

»Ich hab es redlich gehalten, was ich mir zum Gesetz machte und Dir angelobte.« Was hat er zu seinem Gesetz gemacht? Was hat er ihm versprochen? Ewige Freundschaft? Ausschließliche? Daß niemand dazwischentrete? Daß er sich an keine Frau binde? Er gab vor, redlich gehandelt zu haben. »Ich habe meine Empfindungen durch Verteilung geschwächt, und so ist denn das Verhältnis innerhalb der Grenzen einer herzlichen vernünftigen Freundschaft.« So schwächte er gegenüber Körner ab, was in seinem Inneren waltete, vielleicht gar tobte. Er will bis zu seinem dreißigsten Geburtstag verheiratet sein, denn eine Bessere werde er wohl danach kaum noch finden, hatte er ja schon festgestellt, und denkt »vernünftig« an Charlotte als Braut und leidenschaftlich neben ihr und neben sich an Caroline und hat beide in diesem Brief gegenüber Körner schon verraten.

Noch weitere Meriten des Sommers fügte Schiller hinzu: »Ich bin von mancherlei Dingen zurückgekommen, die mich auf dieser Lebensreise schwer bedrückt haben, und hoffe mich künftig mit mehr innerer Freiheit und Energie zu bewegen.« Aber wird er das? Oder gibt es einen inneren Zwang in Schiller, der ihm das Leben mißgönnt?

*

»Es ist sonderbar und oft unbegreiflich, wie sich Menschen finden«, bekennt Charlotte von Lengefeld in einem Brief aus Rudolstadt an Schiller nach Weimar.

»Ach, ich kenne keinen Ersatz für das, was Sie meinem Leben gegeben haben«, beteuert Caroline von Beulwitz demselben Mann und gibt alles weitere in die Hände der Schicksalsgöttinnen. »Mögen die Parzen noch hinzuspinnen, was Ihnen sonst gefällt«, und was ihr gefällt, weiß Caroline schon.

Der Dichter hat beide Frauen in Erregung versetzt, ihre Mädchenträume neu angefacht, die sie fast schon vergessen hatten. Es ist kein Prinz, kein Hofrat, es ist ein armer schmächtiger und ungelenker Poet, aber eben Poet, der das vermocht hat.

Beide Frauen werden von nun an ihr Leben ihm hingeben, bis daß der Tod sie scheidet. »Denn jetzt wird es mir fast unmöglich, mir meine Freuden ohne Sie zu denken«, schreibt Charlotte und fügt die bange Frage an: »Und so wird's bleiben, nicht wahr?«, und denkt da vielleicht an ihre Liebesenttäuschung mit dem Engländer Heron.

»So wie Sie hat es noch niemand verstanden, die Saiten meines innersten Wesens zu rühren«, schreibt Caroline an den Dichter und denkt da vielleicht an ihren Mann, der keine Saite ihres Wesens zum Klingen hat bringen können. Sie fügt noch hinzu: »Wie nötig ist es mir, in der Hoffnung zu leben«, und spricht von Plänen, »die unserm Zusammenleben dienen sollen«.

Und Schiller? Was vertraut er der Post und damit den beiden Frauen an?

Wiederholt gesteht er den beiden Schwestern ein, daß er sich Zukunft ohne sie beide nicht denken kann, und daß er weder Caroline noch Charlotte entbehren will, und denkt sich eine wie immer geartete Zukunft zwischen den beiden Frauen aus.

Im Winter 1788 gingen Briefe hin und her zwischen Rudolstadt und Weimar, und die Postprobleme wurden von Schiller ausführlich erörtert, wenn einmal eine Sendung nicht ankam, oder er einige Tage lang keinen Brief der Schwestern erhalten hatte. Dann verdächtigte er gar die Botin, etwas unterschlagen zu haben oder schalt die Langsamkeit der offiziellen Post.

Vor allem aber berichtete Schiller den Rudolstädter Schwestern in ihre »gar zu stille« Stadt vom geschäftigen Leben in Weimar, von manchem Besuch und von seinem Dichteralltag, in dem ihn immer noch und immer wieder die Fortsetzung der ungeliebten Erzählung ›Der Geisterseher‹ beschäftigte sowie die Übersetzung der ›Phönizierinnen‹ des Euripides, aber auch eine neue Erzählung, ›Spiel des Schicksals‹. Man tauschte Lektüreerlebnisse aus zu Sophokles ›Ödipus auf Kolonnos‹, dem ›Agamemnon‹ des Ayschylos, über die Lebensbilder Plutarchs oder die Werke von Montesquieu und Diderot.

Charlotte nahm sich ihre Übersetzungen der Gedichte Ossians wieder vor, Caroline übertrug Ovids ›Metamorphosen‹ ins Deutsche. Der Salon des Hauses Beulwitz, indem sie gemeinsam gelesen und das Gelesene lebhaft erörtert hatten, fand nun ersatzweise und zwangsläufig in den Briefen statt. Während die beiden Damen in sie immer wieder schwärmerische Erinnerungen an die gemeinsamen Sommertage einstreuten und die Hoffnung auf Wiederholung aussprachen, wurden Schillers Briefe im Laufe der Wochen zurückhaltender. Zwar schrieb er, der Sommer habe »unsere Existenz verschönert«, doch je länger der Winter dauerte, desto sachlicher wurde der Ton seiner Briefe. Am 20. November erzählte er Charlotte noch, wie er ihren Geburtstag in aller Stille gefeiert habe, sprach da aber mehr von sich, »der Himmel ließ mich in heitrer Stille mich selbst genießen«. Wenige Tage später gestand er den Schwestern: »Es sieht vielleicht misanthropisch aus, aber ich kann mir nicht helfen, ich bin Kleists Meinung: Ein wahrer Mensch muß fern von Menschen sein«, berichtete hingegen einige Zeilen weiter, er habe Frau von Stein besucht und auch Charlotte von Kalb, fügte aber gleich hinzu: »Ich seh sie aber auch wenig«, wußte indes über sie mitzuteilen: »Sie ist munter und vergnügt und macht sich allerlei Zerstreuungen.« Schiller behauptete, seine Zeit in Weimar in Abgeschiedenheit zu verbringen, »ich lebe noch immer mein stilles Leben«, doch zugleich suchte er die Gesellschaft vor allem von Frauen und immer wieder die der Charlotte von Kalb, die ihn nicht losließ und von der er nicht loskam.

Er will allein sein, weil er seinem Werk verpflichtet ist, zugleich sucht er die Nähe anderer Menschen, die ihn beflügeln könnten in seiner Mattheit, sucht die Nähe Wielands, von Knebels, die er beide oft aufsucht, die von Goethe nicht, denn ihr erster gegenseitiger Augenschein hatte beide enttäuscht. Aber Schiller beobachtet ihn, braucht er doch nur aus dem Fenster zu schauen, um zu sehen, wann er aus dem Haus geht. »Goethe ist so gar selten allein, und ich möchte ihn doch nicht gern bloß beobachten, sondern mir auch etwas für mich aus ihm nehmen«, meldet er nach Rudolstadt. »Wir haben nebeneinandergelebt«, wird sich Goethe später erinnern an diesen Winter von Weimar.

Ein Ereignis dieses Winters aber wird Schillers Leben völlig verändern und zugleich seine Heiratschancen wesentlich befördern. Christian Gottlob Voigt, Weimarer Regierungsrat, fragte ihn am 8. Dezember 1788, ob er bereit sei, eine Professur für Geschichte an der Universität Jena zu übernehmen. Schiller war bereit. Schon seit geraumer Zeit sah er sich als Historiker an und wurde inzwischen auch als solcher wahrgenommen, war doch fünf Wochen zuvor seine in Rudolstadt beendete Schrift ›Geschichte des Abfalls der vereinigten Niederlande von der spanischen Regierung‹ in Leipzig bei Crusius erschienen und zeitgleich der Band ›Geschichte der merkwürdigsten Rebellionen und Verschwörungen aus den mittlern und neuen Zeiten‹, herausgegeben und mit einer Einleitung versehen von Schiller.

Goethe als Vorgesetzter Voigts unterstützte dessen Vorschlag, vielleicht war es auch seine Idee, eine nicht ganz uneigennützige, wird doch Schiller zukünftig nicht als dichtender Konkurrent in Weimar neben ihm stehen, sondern in Jena als Historiker gelten.

Kurz nach der Zustimmung Goethes sprach Schiller zu Körner wieder von Heirat, ohne die Braut zu nennen, wußte er doch, daß als Professor die Möglichkeiten, eine Ehefrau zu finden, größer waren, als bliebe er mittel- und titelloser Poet. Als dann aber am 15. Dezember aufgrund des Bemühens von Goethe, Frau von Stein und Voigt die Bestätigung seiner Professur für das kommende Frühjahr eintraf, war Schiller verunsichert. »Man hat mich hier übertölpelt«, schrieb er an Körner. »Rate mir. Hilf mir. Ich wollte mich prügeln lassen, wenn ich Dich auf 24 Stunden hier haben könnte.« Wieder einmal überfielen Schiller Selbstzweifel an seinen Fähigkeiten. »Goethe sagt mir zwar docendo discitur«, lehrend lernt man, »aber die Herrn wissen alle nicht, wie wenig Gelehrsamkeit bei mir vorauszusetzen ist« und rief Körner in seiner Furcht vor der neuen Aufgabe noch einmal um Hilfe an: »Ich beschwöre Dich, schaff mir Rat und Trost.«

Andererseits ahnte er auch die Chance: »Nun scheint sich doch mein Schicksal endlich fixieren zu wollen«, schrieb er an Caroline und Charlotte zu Weihnachten 1788, doch zugleich in seinem dauernden Ja-Aber: »Jetzt da es zu spät ist, möchte ich gern zurücktreten« und erläuterte: »Also die schönen paar Jahre von Unabhängigkeit, die ich mir träumte, sind dahin, mein schöner künftiger Sommer in Rudolstadt ist auch fort und dies alles soll mir ein heilloser Katheder ersetzen!« Zugleich drückte er die Hoffnung aus, daß die Schwestern ihn in Jena besuchen, ihm »eine himmlische Erscheinung sein werden«, kündigte vorsorglich aber schon einmal an, er werde »für die Wünsche des Herzens« keine Zeit mehr übrig haben. Auch ihnen gegenüber verbarg Schiller seine Selbstzweifel nicht: »Mancher Student weiß vielleicht mehr Geschichte als der Herr Professor.«

Zum Schluß des weihnachtlichen Briefs erwähnte er beiläufig seine nicht seltenen Besuche bei Charlotte von Kalb. Dort habe er auch Knebel getroffen, schließlich sein Konkurrent um die Gunst Charlottes: »Knebeln sah ich einige Male bei der Kalb, wo er recht artig war. Manchmal mag ich ihn doch recht gut leiden und wollte der Himmel, es gäbe keine schlechteren Menschen im Umgang.«

Panik im dreißigsten Jahr

Nur wenige Monate noch und Schiller wird sein dreißigstes Jahr beenden, dreißig Jahre alt sein. Panik kommt auf und treibt ihn, will er doch wie schon mehrfach angekündigt, bis dahin sein Leben in eine endgültige Bahn gelenkt und dazu auch eine Frau geheiratet haben.

Nachdem er Goethe einen kurzen, förmlichen Besuch abgestattet hatte, um sich bei ihm für die Professur in Jena zu bedanken, verglich er sich mit ihm. In einem Gefühl, das gemischt war aus Unterlegenheit und hochmütigem Zorn auf ihn, urteilte er: »Dieser Mensch, dieser Goethe ist mir einmal im Wege.« Selbstmitleidig fuhr er fort in diesem Brief vom 9. März 1789 an Körner: »Er erinnert mich oft, daß das Schicksal mich hart behandelt hat. Wie leicht ward sein Genie von seinem Schicksal getragen, und wie muß ich bis auf diese Minute noch kämpfen! Einholen läßt sich alles Verlorene für mich nun nicht mehr.« Da er Körner aber in den Forderungen an ihn unerbittlich weiß, flocht er pflichtbewußt ein: »Aber ich habe noch guten Mut und glaube an eine Revolution für die Zukunft.« Diese Revolution aber hat als Voraussetzung auch eine heiratsfähige Frau, eine die er nicht einmal lieben muß, denn Schiller kann und will vielleicht auch gar nicht lieben. »Könntest Du mir innerhalb eines Jahres eine Frau von 12 000 Thalern verschaffen, mit der ich leben, an die ich mich attachieren könnte, so wollte ich Dir in 5 Jahren eine Fridericiade, eine klassische Tragödie und weil Du doch so darauf versessen bist, ein halb Dutzend schöner Oden liefern – und die Academie in Jena möchte mich dann im Arsch lecken.«

Eine Frau, die er liebt, braucht Schiller also nicht, er braucht hingegen eine Frau, die seinen Lebensunterhalt sichern würde. Eine Frau, an die er sich binden kann, die sich an ihn bindet und nur für ihn da ist. Eine Frau als Lebensversicherung.

Charlotte Lengefeld indes ist nicht die Frau der »12 Tausend Taler«, Caroline von Beulwitz ebenso nicht, da sie schon arm die Ehe eingegangen war, Charlotte von Kalb verfügt indes über die nötigen Mittel, ist aber auch verheiratet. Wer also? Schillers Torschlußpanik. Dazu keine Aussicht, der Professur in Jena zu entgehen. »Diese Professur soll der Teufel holen«, gab Schiller nochmals seiner Unsicherheit Wort. Doch ein Zurück gab es nicht mehr.

Also machte sich Schiller am 14. März 1789 zu Fuß nach Jena auf, um eine Unterkunft zu suchen, fand sie bei den Fräulein Schramm in der Jenergasse, in der »Schrammei«. So nannte man das dreietagige Wohnhaus mit den möblierten Zimmern und dem Mittagstisch, in dem die Geschwister an Studenten und junge Professoren vermieteten. Die Zukunft jenseits des dreißigsten Jahrs konnte beginnen. Aber wen wird Schiller an seiner Seite haben?

»Warum müssen wir getrennt voneinander leben«, fragte Schiller in einem Brief desselben Monats, eine Frage, die eigentlich gar keine mehr war, ist sie doch so bestimmend, daß sie ohne Fragezeichen auskommt. Wer aber war gemeint? Charlotte? Caroline? Die andere Charlotte, die in Weimar? Nein, Christian Gottfried Körner.

Er nannte die Trennung von ihm, dem Freund, als er Dresden und ihn vor eineinhalb Jahren verließ, »eine harte Beraubung« und dann »ein hartes Opfer für ein ungewisses Gut«. Also doch Freundschaft statt Liebe? Oder doch lieber Liebe statt Freundschaft? Oder Liebe nie? Ungewißheit lebenslang? Misanthropie habe sich in sein Gemüt wieder einmal eingeschlichen, beichtete er dem Freund.

Erst einmal hatte er für alle Angelegenheiten des Herzens, wie schon angekündigt, und für Heiratspläne keine Zeit. In wenigen Wochen mußte der zukünftige Professor für Geschichte sich in der Geschichte kundig machen. Als er von der Wohnungssuche aus Jena in Weimar zurück war, vertiefte er sich in die Anfang März bestellten historischen Werke. Aber die Arbeit an der Fortsetzungsgeschichte des ›Geisterseher‹, deren nächste Folge vom Verleger Göschen für die ›Thalia‹ vorgesehen war, hinderte ihn an der Lektüre der Werke und an der Vorbereitung seiner Vorlesungen, die in zwei Monaten beginnen sollten. Er kündigte eine Einleitung in die Universalhistorie an. An die Schwestern schrieb er: »Die Zeit kommt nun mit starken Schritten heran, wo ich meine Bude in Jena eröffnen muß ... Nun muß ich mich über Hals und Kopf beeilen, daß ich für meinen Beruf Zeit übrig habe« und teilte mit: »Ich muß also für jetzt darauf resignieren, Sie zu sehen.«

Im Brief zwei Wochen später erinnerte er sich, Caroline und Charlotte nochmals an die schönen Tage des letzten Sommers von Rudolstadt, kündigte indes an: »Dieser Sommer wird ganz anders werden«, denn man werde sich wohl kaum sehen können, und erwartete und befürchtete eine »heroische Resignation auf alle Freude in den nächsten drei Jahren«, die seinem wahren Wesen, das so gern entsagt, möglicherweise gar entspricht.

Am Montag, dem 11. Mai 1789, siedelt Schiller nach Jena über, um die Professur anzutreten und bezieht eine Dreizimmerwohnung in der Schrammei. Zwar ist Schiller noch Junggeselle, aber erstmals in seinem Leben nennt er eine reichlich und geschmackvoll eingerichtete Wohnung sein eigen, in der allein achtzehn Sessel stehen. Was aber sollen ihm die? Der Arbeitstisch, den er sich anfertigen läßt, ist sein erster wirklicher Schreibtisch. Den braucht er. Wie den eigenen Spieltisch, denn er ist seit der Stuttgarter Jugendzeit ein begeisterter, ja süchtiger Kartenspieler. Doch etwas fehlt in der Dreizimmerwohnung zum bürgerlichen Glück. Das Essen wird ihm in die Wohnung gebracht, die Wäsche wird besorgt, und selbst der Friseur sucht ihn dort auf. Was also fehlt? Eine Frau. Die Frau zum Haus. Die Hausfrau. Doch nicht mehr für lange Zeit.

Schiller versuchte, das neue Leben zu genießen. Jena war eine junge, eine Studentenstadt, jeder vierte Einwohner war Student. Das Haus des Theologieprofessors Johann Jacob Griesbach und seiner Frau sah ihn fast jeden Abend in Gesellschaft. Man trank, disputierte, man spielte L' Hombre, ein ursprünglich spanisches Kartenspiel.

Zwei Wochen nach seiner Ankunft in Jena mußte Schiller indes schon seine Antrittsvorlesung über den Nutzen des Studiums der Universalgeschichte halten, die er hingegen so benennt: ›Vom Unterschied des Brotgelehrten und des philosophischen Kopfs‹. Schiller hat Erfolg. Der Ansturm der Studenten, natürlich nur männlichen, führt dazu, daß man, da das vorgesehene Auditorium nicht genügend Plätze hat, über die Straße zum größten Saal der Universität zieht, was gar einen Feueralarm auslöst. Die Vorlesung ist eine Sensation, denn alle wollen eine Legende, wollen den Dichter der ›Räuber‹ sehen, nicht unbedingt den Geschichtsprofessor hören. Und doch: »Meine Vorlesung machte Eindruck, den ganzen Abend hörte man in der Stadt davon reden und mir widerfuhr eine Aufmerksamkeit von den Studenten, die bei einem neuen Professor das erste Beispiel war«, berichtet er stolz seinem Freund Körner. »Ich bekam eine Nachtmusik und Vivat wurde dreimal gerufen.«

Auch die zweite Vorlesung am Folgetag war überfüllt. Der Dichter der ›Räuber‹ war eine Attraktion in der Stadt. Und Dichter war er immer noch, obwohl nun Professor, der Historie lehren sollte. Ein Dichter ohne Dichtung jetzt.

Immer noch und immer wieder: Brautschau

Auch als Professor der Geschichte schaute Schiller sich nach einer Frau um, die er heiraten könnte. »Es ist hier ein gewisser Hofrat Eccardt, ein Jurist, der Vermögen und einen vorzüglichen Einfluß bei der Akademie hat. Er hat noch eine unverheiratete Tochter, mit der mich einige gedacht haben mögen zusammen zu kuppeln, aber ich mag weder sie noch ihre Familie«, berichtete Schiller Körner, nachdem er ausführlich vom Erfolg seiner Vorlesungen erzählt hatte. Also, man wußte in Jena, Schiller suchte eine Frau, wenn er schon schrieb, man wolle ihn verkuppeln. Auch »die Schmidt« wollte er nicht, entgegnete er Körner, der sie ihm vorgeschlagen hatte. Carolina Christina Schmidt, deren außergewöhnlicher Teint ihn schon in Weimar betört hatte, war die Tochter des wohlhabenden »wirklichen geheimen Assistenzrats« von Weimar, Johann Christoph Schmidt. »Das Mädchen würde mir auch ohne Geld gerade nicht mißfallen, in Weimar hat sie mir immer am besten unter allen gefallen, und es ging mir nicht allein so. Aber an sie zu denken ist keine Möglichkeit, weil Vater, Mutter und Tochter aufs Geld vorzüglich sehen.« Das aber hatte der Professor immer noch nicht, da er allein auf die Kollegeinnahmen der Studenten angewiesen war, und die kamen nach dem anfänglichen Sensationserfolg bald nur noch spärlich.

Also schaute Schiller sich weiter um, unter den Frauen von Jena, denen von Weimar. Und Charlotte und Caroline, vergessen – oder? »Von den hiesigen Frauenzimmern kann ich schlechterdings noch nichts schreiben. Eine ziemliche Auswahl habe ich zwar gesehen, worunter aber nichts auszeichnendes war. Ich wohnte einem Ball bei, wo ich sie größtenteils beisammen sah, ich hielt mich aber ans Spiel.« Das Kartenspiel hatte ihn im Grunde schon immer mehr in Bann gezogen als eine schöne Frau. Er suchte ja auch nur eine zum Heiraten. Aber wie finden, bleibt die anhaltende Frage. »Es ist also noch dürres Land hier für mich«, schrieb er weiter an Körner, »so gern ich es gesehen hätte, wenn ein Geschöpf auf mich hätte wirken können.« Und wieder einmal rief er den Freund um Hilfe an: »Weißt Du mir eine reiche Partie, so schreib mir immer.«

Die vierte Vorlesung mußte Schiller wegen Krankheit schon absagen. Wenige Tage später reiste er nach Rudolstadt, um die Schwestern wiederzusehen, blieb nur zwei Tage zwischen ihnen. Als er in Jena zurück war, kam seine Geliebte, Charlotte von Kalb, blieb aber nur einen Tag und eine Nacht in der Stadt. Die Dinge spitzten sich zu. Eine Entscheidung in der Frauenfrage mußte bald fallen. Es blieben nur noch wenige Monate bis zum dreißigsten Geburtstag. Wiederum eine Woche später waren die Schwestern in Jena. Sie befanden sich auf der Durchreise nach Bad Lauchstädt, wo sie einen Kursommer verbringen wollten. Sie quartierten sich in Griesbachs Gartenhaus ein, doch sie sahen Schiller und er sie nur kurz am späten Abend, denn er mußte Vorlesung halten. Zudem war Knebel in demselben Gartenhaus zu Gast, so daß es zu keinem unbelauschten Gespräch zwischen den Schwestern und Schiller kommen konnte. Schiller ärgerte sich. Am Tag darauf reisten Charlotte und Caroline weiter. Er begleitete sie ein Stück des Wegs. Drei Tage später sollte in Paris die Bastille gestürmt werden. Er hatte sie kaum gesprochen. Doch Caroline hatte einen Plan.

Endlich verlobt

Ihr, nur ihr allein, hatte er einen Brief von Jena nach Bad Lauchstädt geschrieben. Einen Liebesbrief könnte man ihn nennen, den Brief an Caroline von Beulwitz. »Sie haben also meine Hoffnungen weit, weit übertroffen«, eröffnete Schiller ihr und meinte damit »die Gewißheit, daß ich Ihnen nahe bin, daß Sie in Ihren schönern Stunden sich meiner gern erinnern«. Sie hatte ihm erneut ihre Liebe gestanden, der Schiller indes ein Aber hinzufügte, »dieser Gedanke ist mir sehr viel, sehr viel wert – aber leider ist dieser Gedanke allein auch alles, was ich wirklich mein nennen kann«. Und: »Mein Bild in Ihrer Seele ist doch immer nicht ich selbst.« Und er ging noch weiter, wenn er sein jetziges Leben mit einem möglichen Leben an ihrer Seite verglich: »Je lebendiger Sie vor meiner Phantasie da stehen, desto mehr erschöpft sich meine Toleranz gegen die mich hier umgebenden Geschöpfe, desto weniger kann ich mich mit meiner Einsamkeit aussöhnen.« Noch grundsätzlicher wurde er, da im Vergleich zu Caroline nichts bestehen könne: »Alles ist so alltägliche Ware und die Frauen besonders sind ein trauriges Geschlecht«, meinte die in Jena, und schmeichelte ihr und der Frau an sich, denn eigentlich: »Sie wissen, glaube ich oder Sie wissen es nicht, daß der weibliche Charakter zu meiner Glückseligkeit notwendig ist. Meine schönsten Stunden verdanke ich doch Ihrem Geschlecht.« Schiller dachte sich in eine Glückseligkeit mit Caroline hinein und ging noch einige wagemutige Schritte weiter in diesem Brief: »Wie glücklich wollte ich sein, wenn die schönen Hoffnungen in Erfüllung gingen.«

Caroline hatte Schiller einen Plan enthüllt, ihren Plan. Sie zeigte Mut, und die Gelegenheit dazu war günstig. Ihr Mann war schon seit längerer Zeit abwesend, begleitete den Rudolstädter Prinzen auf einer Bildungsreise durch die Schweiz und ins revolutionäre Paris. Carolines Freiheitsdrang, der in der Abwesenheit ihres Mannes und in der Gegenwart Schillers gewachsen war, gab ihr ihren Plan ein. Sie wolle mit ihm leben, doch da sie schon verheiratet sei, ihn nicht heiraten könne, könnte sie vielleicht mit ihm und der Schwester eine, nein nicht wirklich eine Liebe zu dritt, doch immerhin eine Ménage à trois leben, enthüllte sie ihm. Das gefiel Schiller, hätte er dann doch eine Frau an seiner Seite, die ihn liebte und die er liebte, und eine Frau, die ihn liebte und die er schätzte. Doch dieser Plan würde an Grenzen stoßen, ohne sie durchbrechen zu können. Das ahnte Schiller, denn die Verhältnisse, die waren nicht so, als daß man mitten in Thüringen, wo die libertinen Ideen aus dem vorrevolutionären Frankreich nur ein schwaches Echo fanden, in einer Ménage à trois leben könnte. »Wie sollen sie in Erfüllung gehen«, die schönsten Hoffnungen nämlich, »so lange die armseligen Nichtigkeiten in einer gewissen Waage mehr gelten, als die entschiedenste Gewißheit eines glücklichen Lebens?« fragte er sich verzweifelt. Zudem bezweifelte er die eigene Fähigkeit, diese »armseligen Nichtigkeiten« zu ignorieren: »Und warum hat der Himmel die Rollen so sonderbar unter uns verteilt, warum spannte er gerade das mutigste Roß hinter den Wagen? Ich weiß nicht, ob ich hier etwas schreibe, was verständlich ist – aber ich verstehe mich recht gut«, und er erklärte sich: »Könnte ich gewisse Verhältnisse umkehren, so wäre der heroische Mut, den ich habe, an seiner rechten Stelle. So aber habe ich ihn nur zu meiner eigenen Peinigung.« Wieder stand ihm die untergründige Lust an der Selbstkasteiung, an der Selbstbestrafung, die Genußverzicht einfordert, im Weg, und doch schob er alles auf die Umstände: »Bei allem unserem gerühmten Freiheitssinne sind wir doch wahrlich nur Sklaven und Opfer der Umstände und der Meinung. Was für klägliche Rücksichten waren es, die mir schon einige Male die Freude verdorben haben, mich in Ihrem Umgang zu genießen«, und sagte nicht, worauf er verzichtet hatte, auf ihre Liebe, auf eine körperliche Vereinigung, und welche Rücksichten

er genommen hatte, auf Charlotte, auf alle Umstände? Resigniert
schloß Schiller: »Sie verweisen mich an die Zukunft. Wie viel
größere Opfer müßten da gebracht werden können.« Immerhin
kündigte er Caroline an, sie in Bad Lauchstädt zu besuchen.

An demselben Tag, dem 24. Juli, an dem er an Caroline diesen
fast verzweifelnden Liebesbrief geschrieben hatte, sandte er
auch an Charlotte einen Brief nach Bad Lauchstädt, wo er doch
zuvor die Briefe zumeist an beide Schwestern adressiert hatte.
Was er der einen sagt, kann er der anderen aber nicht sagen.
»Meine Freundin«, nannte er Charlotte, nannte Freundschaft,
was sie einander nahegebracht hatte. Keine Spur von Liebe oder
Liebeswerbung im Brief an sie. Von Übereinstimmung zwischen
ihnen sprach er, so »nah und doch so ferne« sei man sich, obwohl sie doch »einander so schnell und leicht auffassen und so
lebendig in einander leben«, und zitierte eine Stelle aus seinem
Schauspiel ›Don Carlos‹:

Den treuen Spiegel halte mir vor Augen,
Der meine Seele ganz empfängt, und ganz
Sie wiedergibt, dann, dann hast du genug
Das Rätsel meines Lebens aufzuklären.

Er erklärte, daß er damals, als er diese Verse schrieb, nicht hatte
ahnen können, daß sie einmal für ihn selbst sprechen würden.
Aber welch Lebensrätsel, meinte Schiller, wohne in ihm? Ist es
das, daß er eine Frau für das Leben sucht, die er nicht lieben muß
und besser nicht liebt, sondern zur Freundin hat, daß er aber die
Frau, die er liebt, nicht den Mut hat zu lieben und für sich zu
fordern, weil er sich gefesselt fühlt von Umständen und Kon-
ventionen und zudem bangt um seine eigene Liebesfähigkeit?
Meint er, wie er Caroline gegenüber ja enthüllt hat, daß er Mut
nur zur eigenen Peinigung besitze? Ist Schiller ein pietistisches
Opfer, das nicht einmal eines Funkens von Libertinage fähig ist?
Lebt auch er in der protestantischen Falle, die Genuß im irdi-
schen Leben versagt, da er ein Leben in Gott nach dem Tod
verwirken würde, wenn er trotz alledem die Früchte im Leben
pflückte?

Doch Caroline besitzt den Mut, den Schiller nicht besitzt. Sie hat in ihrem Leben schon zu viel entsagt. Sie will ihren Plan ausführen.

»Ist es wahr teure Lotte?« wird Schiller eine Woche später an Charlotte schreiben und sich erklären, Carolines Schwester um Heirat bitten. »Sagen Sie mir, daß sie mein sein wollen.« Was war inzwischen geschehen? In den letzten acht Tagen? Und zuvor?

*

Schon im Laufe des Juni 1789 hatten sich die Ereignisse zugespitzt zwischen Jena und Rudolstadt, nicht nur in Paris. Alles drängte zu einer Entscheidung. Schiller wollte endlich heiraten, die Schwestern den Dichter endlich an ihrer Seite wissen, jede auf ihre Weise. Schillers nur zweitägiger Besuch in Rudolstadt Mitte Juni hatte das bestätigt. Aber die Situation war delikat. Hätte er Charlotte in diesen beiden Frühsommertagen gern einen Heiratsantrag gemacht? Hatte sich aber nicht getraut, ihn auszusprechen, auch wegen Caroline? Die liebte ihn ja, und er sie. So war er unverrichteter Dinge wieder nach Jena zurückgekehrt und empfing einige Tage später Charlotte von Kalb, die ihrerseits überlegte, wie sie sich Schiller dauerhaft verbinden könnte, gar ernsthaft die Scheidung von ihrem Major betrieb, so daß Caroline Herder ihrem Mann mitteilte: »Ihr Verhältnis wird sich über kurz oder lang ändern.« Aber zu spät, denn Schiller war längst den zwei Schwestern verbunden.

Auf dem Weg zum Kursommer in Bad Lauchstädt hatten diese den Umweg über Jena genommen und dort für einen Tag und eine Nacht Station gemacht, vergeblich ja, denn es sei »ein verlorener Abend« gewesen, schrieb Charlotte tagsdarauf an Schiller aus Burgörner, wo sie auf dem Gut der Familie von Dacheröden eine weitere Zwischenstation einlegten und mit der gemeinsamen Freundin Karoline alles erörterten. »Ich darf gar nicht daran denken, wie die Freude, Sie in Jena recht viel zu sehen, vereitelt worden ist; es war ein fataler Zufall, und den unheimlichen Abend werde ich so schnell nicht vergessen«, bedauerte auch Caroline den verschenkten Abend der flüchtigen Momente: »Dieses Sehen im Flug hat so viel Unbefriedigendes und ist doch wieder soviel besser als gar nicht sehen« und fügte hinzu, sie habe mit Charlotte in Burgörner gemeinsam sein Gedicht ›Der Künstler‹ gelesen. »Unbeschreiblich gießt mir dies Licht und Leben in die Seele, Sie werden mir so nah.« Sie schloß den Brief: »Nun gute Nacht, behalten Sie mich lieb.« Zwei Liebesbriefe trafen also in Schillers Jenaer Stube bei den Fräulein Schramm ein, und bald schrieb er jenen Liebesbrief vom 24. Juli an Caroline und den zweiten kühleren an Charlotte an demselben Tag.

Am 2. August trifft Schiller am frühen Nachmittag in Bad Lauchstädt ein. Er will weiter nach Leipzig zu Körner und bleibt nur einen Tag und eine Nacht. Man verbringt den Abend gemeinsam, Caroline, Charlotte, Karoline von Dacheröden und zwischen den Frauen Schiller. Am folgenden Morgen bleibt gerade noch genug Zeit für ein intimes Gespräch zwischen Caroline und ihm. Sie legt ihm erneut ihren Plan eines Zusammenlebens zu dritt dar, und sie macht Schiller Hoffnung auf die Hand ihrer Schwester, drängt ihn gar, sich ihr umgehend zu erklären, da sie selbst als verheiratete Frau ja darauf verzichten muß, ihn zu heiraten. Wäre sie frei, so hätte sie den Dichter schon längst an die Hand und zu sich genommen. So aber bindet sie ihn auch, an die Schwester, und weiß zugleich, sie wird ja immer dabei sein, zwischen ihnen sein, wenn Schiller und diese verheiratet sein werden.

*

Mit Charlotte spricht Schiller an diesem Morgen nicht, sondern reist sofort nach dem Tête-à-tête und Cœur-à-cœur mit Caroline weiter nach Leipzig. Zu Körner. Doch schon im Postwagen verfaßt Schiller seine Brautwerbung an Charlotte und wird in drei Monaten dreißig Jahre alt sein.

»Ist es wahr teuerste Lotte? Darf ich hoffen, daß Caroline in Ihrer Seele gelesen hat und aus Ihrem Herzen mir beantwortet, was ich mir nicht getraute, zu gestehen? . . . Mein ganzes Dasein, alles was in mir lebt, alles meine Teuerste widme ich Ihnen . . . Bestätigen Sie, was Caroline mich hoffen ließ. Sagen Sie mir, daß Sie mein sein wollen und daß meine Glückseligkeit Ihnen keine Opfer kostet«, fügt er in aller Unsicherheit mit allen Selbstzweifeln gegenüber der Tochter aus adligem Hause hinzu. Er schließt seinen Heiratsantrag: »Säumen Sie nicht, meine Unruhe auf immer und ewig zu verbannen. Ich gebe alle Freuden meines Lebens in Ihre Hand«, und ist es schon.

Noch in der Nacht desselben Tags schreibt er aus Leipzig, nachdem er Körner nach so langer Zeit wiedergesehen hat, einen zweiten Brief an Caroline und Charlotte: »Ich habe ihm gesagt, daß ich hoffe, bis zur Gewißheit hoffe, von Ihnen unzertrennlich zu bleiben«, und meint ausdrücklich beide Frauen, fügt sich in Carolines Plan und fügt noch hinzu: »Innerhalb eines Jahres kann ich auch hoffen, auch von ihm unzertrennlich zu werden.« Körner hatte die Nachricht von Schillers Verlobung mit gemischten Gefühlen aufgenommen, gar mit Verstimmung, aber in Aussicht gestellt, daß er Dresden verlassen und nach Jena überwechseln werde, so daß die Freunde erneut vereint wären. Schiller hätte endlich eine Frau an seiner Seite, die ihn durchs Leben führt und dazu noch eine Frau, die ihn liebt und umschwärmt. Mit seinem Mentor und zeitweiligem Mäzen in der Nähe eine umfassende Lebensversicherung! Diese Aussicht auf neue Liaisons schenkte Schiller endlich einen geglückten Tag: »Ein einziger Tag verspricht mir die Erfüllung der zwei einzigen Wünsche, die mich glücklich machen können«, und er endet den Brief an die beiden Schwestern: »Ich habe mich selbst wieder gefunden, und ich lege Wert auf mein Wesen, weil ich es Ihnen widmen will«, meint mit »Ihnen« Caroline und Charlotte.

Ungeduld

Dann war alles ziemlich schnell gegangen, doch nicht schnell genug. Ungeduld allerseits. »Ach, wenn es erst soweit sein wird«, schrieb Schiller kurz nach der Verlobung an die Schwestern. Sechs Monate harrten die drei noch aus bis zur Hochzeit im Februar 1790. Viel würde geschehen in dieser Zeit, die auch eine der Probe war, bis Schiller mit Charlotte einen Hausstand gründen, und auch Caroline mit dabei sein könnte.

Schon zwei Tage nach seiner Brautwerbung hatte Schiller Charlottes Jawort in der Hand und las in seinem Leipziger Domizil, einem Zimmer des Gast- und Kaffeehauses Klein-Joachimsthal: »Der Gedanke, zu Ihrem Glück beitragen zu können, steht hell und glänzend vor meiner Seele. Kann es Treue, innige Liebe und Freundschaft, so ist der warme Wunsch meines Herzens erfüllt, Sie glücklich zu sehen – Für heute nichts mehr.« Die Verlobung war nun beiderseits geschlossen.

Wiederum zwei Tage später kommt Charlotte von Lengefeld nach Leipzig, um ihren Verlobten zu besuchen. Die Schwester ist dabei. Man bleibt einen Tag und eine Nacht. Man unternimmt einen Spaziergang ins Rosenthal, und Schiller zeigt den Frauen die Orte, wo er vor genau vier Jahren gelebt und wo er zumeist glückliche Tage mit seinen Leipziger Freunden verbracht hat. Und er macht Caroline und Charlotte mit Körner und seiner Frau Minna bekannt, immerhin die eine Hälfte des ehemaligen Freundschaftsbundes. Der Freund behandelt die Schwestern kühl, denn er mißbilligt Schillers Entwicklung vom Dichter zum Historiker und seine Verbindung mit den beiden Frauen, fühlt auch eine Spur von Verrat in Schillers Entschluß, Charlotte zu heiraten. Nach wenigen Stunden trennt man sich schon und ist einander nicht nahegekommen. Die Schwestern und der Dichter reisen am folgenden Morgen nach Bad Lauchstädt. Schon in der Kutsche und am Abend noch beraten die drei die Zukunft, die materielle Absicherung ihres Glücks und eine Strategie gegenüber der Chère Mère. Vor ihr hat man die Verlobung geheimgehalten. Seit einigen Monaten wohnt sie im Schloß von Rudolstadt und hat die Erziehung zweier Prinzessinnen übernommen. Inzwischen hat sie für Charlotte auch eine bessere Partie gefunden. Der Sohn des Ministers am Hof von Rudolstadt, der Regierungsassessor und Kammerjunker Friedrich Wilhelm von Ketelhodt, der mit seinem Vater schon lange im Beulwitzschen Haus verkehrt, ist als Ehemann auserkoren, und er bemüht sich auch um die Hand Charlottes. Da heißt es für die Schwestern, einen Plan aushecken. Sie werden sich darum kümmern, für den Dichter sowohl eine Position als auch einen Titel zu erlangen, werden dafür Charlottes Patentante Charlotte von Stein einschalten, die für den Dichter beim Herzog von Weimar vorsprechen soll. Auch den kurpfälzischen Reichsfreiherrn Karl Theodor von Dalberg, der Caroline eng verbunden ist und schon lange eine Auge auf sie geworfen hat, wollen sie bemühen, damit Schiller eine einträglichere Universitätsstelle erhält als die von Jena, wo er auf das Kollegiengeld der Studenten angewiesen ist, das spärlich fließt und abhängig vom Besuch seiner Vorlesungen ist.

Zwei Tage und zwei Nächte bleibt Schiller in Bad Lauchstädt, fühlt sich geborgen zwischen Charlotte und Caroline, und doch wagt der Verlobte einen Seitenblick auf eine andere, die auch dabei ist, auf die dreiundzwanzigjährige Karoline von Dacheröden. Die schöne zarte Frau mit dem schmalen Gesicht und der ausdrucksstarken länglichen Nase gefällt ihm. »Ihr ganzes Wesen hat einen gewissen Glanz, der mich blendet«, schreibt er über die eine Karoline an die andere Caroline. Sie ist nicht mittellos wie die Schwestern von Lengefeld. Wäre sie nicht eine bessere Partie? Doch sie ist häufig krank und kränklich ist er selbst. Zudem wird sie heftig umworben, so von Carl von La Roche, der aber wie sie dem von Henriette Herz gegründeten Tugendbund angehört, in dem man innige Freundschaft propagiert, aber weder Liebe noch Leidenschaft duldet. Schließlich sollte sie sich vier Monate, nachdem Schiller sich in Bad Lauchstädt von ihrem Glanz hat blenden lassen, mit Wilhelm von Humboldt verloben. Der war gerade aus dem revolutionären Paris ins beschaulich friedfertige Deutschland zurückgekehrt und mit einem Heiratsantrag im Sinn nach Thüringen gereist. Humboldt war acht Jahre jünger als Schiller und Referendar am Berliner Hof- und Kammergericht, sollte später eine glanzvolle Karriere als preußischer Minister und Gesandter machen. Eine gute Partie für die andere Karoline und die für ihn auch. Wilhelm von Humboldt sollte bald neben Körner Schillers engster und vertrautester Freund bis zu des Dichters Tod werden.

Am 10. August verließ Schiller Bad Lauchstädt wieder und kehrte zurück nach Jena. Unterwegs traf er wie zuvor verabredet die Körners, die nach Bad Lauchstädt nicht hatten mitkommen wollen, und man legte die letzten Kilometer gemeinsam zurück. Zehn Tage blieb der Freund mit Ehefrau Minna in Jena und eruierte dort und in Weimar die Möglichkeiten, ins Herzogtum überzusiedeln. Man traf Voigt und Herder in Weimar, aber es eröffnete sich keine wirkliche Aussicht auf eine Position für ihn. Zudem ließ sich die Verstimmung zwischen den Freunden nicht vertreiben. Körner hatte schon Schillers Übernahme einer Geschichtsprofessur getadelt, da er glaubte, daß dessen weiteres dichterisches Talent darunter leiden, wenn nicht gar ganz versiegen würde. Zudem hatte er Schiller immer empfohlen, wenn er denn schon heiraten wolle, eine Frau zu suchen, die ihm die materielle Unabhängigkeit für seinen dichterischen Werdegang sichern könnte. Aber eine solche Frau hatte er bei seiner Brautschau nicht gefunden. Sie sollte ja nicht nur begütert sein, sie sollte ihn auch ergeben durch das Leben leiten. Eine solche versuchte gerade, sich an ihn zu binden, Charlotte von Kalb. Zusammen mit Körner besuchte Schiller sie in Weimar. Sie erschien ihm für einige Momente verführerischer denn je. Sie indes fürchtete, Schiller zu verlieren, weil die Gerüchte über seine Verbindung zu Charlotte Lengefeld auch sie erreicht hatten. So unternahm sie nun entschieden den Versuch, sich von ihrem

Mann zu trennen und mit Hilfe Herders die Scheidung einzuleiten. Im September wollte Schiller erneut nach Weimar fahren, sie aufsuchen. Er kam aber nicht. So kündigte sie an, sich nach Jena zu begeben. Aber sie kam nicht.

Schiller wird indes noch im selben Monat nach Rudolstadt gehen, genau einen Herbstmonat lang. Les jeux sont faits. Schiller hat sich entschieden, ist nur kurz noch einmal wankelmütig geworden. Rien ne va plus. Kein Seitenblick mehr. Charlotte von Kalb ist nicht die Frau, die er heiraten könnte. Nicht mehr. »Ein Mensch, ein Wesen, mit dem man leben möchte: dieser Wunsch ist der größte Irrtum, und wird fast stets zum lächerlichen Verbrechen«, wird Charlotte von Kalb in ihren Lebenserinnerungen schreiben und vor allem ihren Versuch meinen, mit Schiller gelebt haben zu wollen. »Die Kalb ist nicht gekommen und kommt auch nicht«, hat er den Schwestern noch aus Weimar berichtet und schließt die Angelegenheit: »Ich habe nun das meinige getan«, beendet den Brief: »Möchte Euch im Traum wieder antreffen« und fährt schon eine Woche später zu ihnen in einen Rudolstädter Herbst, um sie jenseits aller Träume zu sehen.

Herbst mit Schwestern

Vor diesem Herbst am Ort ihrer entscheidenden Begegnung vor knapp zwei Jahren waren in der letzten Augustwoche des Jahres 1789 noch einige Briefe zwischen Jena und Rudolstadt hin- und hergegangen. »Die Mohammedaner kehren, wenn sie beten, ihr Gesicht nach Mekka, ich werde mir einen Katheder hier anschaffen, wo ich das meinige gegen Rudolstadt wenden kann, denn dort ist meine Religion und mein Prophet«, schrieb Schiller überschwenglich an beide Schwestern, nannte die Korrespondenz aber einen »dürftigen Behelf«.

So waren am Dienstag, dem 25. des Monats, je ein Brief an Caroline und an Charlotte, am Samstag und am folgenden Dienstag zwei Briefe an beide gemeinsam in die Neue Gasse abgegangen. Was nun hat er der Verlobten geschrieben, was der wohl Geliebten?

An die Verlobte: »In einer schöneren neuen Welt schwebt meine Seele, seitdem ich weiß, daß Ihr mein seid«, und Schiller verbesserte den Plural, fügte umgehend an: »Teure liebe Lotte, seitdem Du Deine Seele mir entgegen trugst.« War das nun Spiel mit Charlottes Gefühlen, ein leicht sadistisches gar, da er doch wußte, daß sie ihn nicht mit der Schwester teilen wollte? Oder war es ein Kalkül? Mit welchem Ziel? Trieb ihn vielleicht ein leichtes Gefühl der Rache, der Rache daran, daß sie sich ihm nie so entdeckt hatte, wie es die Schwester tat? »Mit langen Zweifeln ließest Du mich ringen, und ich weiß nicht, welche seltsame Kälte ich oft in Dir zu bemerken glaubte.« Indes: »Ein wohltätiger Engel war mir Caroline«, rühmte er diese, hatte sie doch den Dreierbund in die Wege geleitet, den Schiller gegenüber Charlotte nun »unsere immerwährende Vereinigung« nannte.

Wie viel leidenschaftlicher und inniger aber schrieb Schiller an demselben Tag an die Schwester seiner Braut: »Vor meiner Seele steht es verklärt und helle, welcher Himmel in der Deinigen mit bereitet liegt. O was für himmlische Tage öffnen sich uns – in ihrer ganzen Fülle darf ich sie jetzt kaum denken, wenn mein Wesen nicht für die Wirklichkeit ganz unbrauchbar werden soll«, und dachte doch immer, was er sich nicht denken durfte und dachte und malte »die ganze Fülle« einer baldigen Liaison mit beiden aus, die vorerst noch eine Phantasie aus einsamen Tagen und Nächten war. »Wir haben einander gefunden, wie wir füreinander nur geschaffen gewesen sind. In mir lebt kein Wunsch, den meine Caroline und Lotte«, und er verwendete die ihm gemäße Reihenfolge, plazierte dabei das besitzanzeigende Fürwort vor die eine, »nicht unerschöpflich befriedigen können . . . Wohl mir Caroline, daß Du die Quelle in mir aufsuchst und Deine Forderungen, Deine Erwartungen an mein Wesen und nicht an wandelbare Erscheinungen in mir richtest.« Caroline hatte sein Wesen erkannt, auch weil sie sich ihm in ihren Stimmungen, ihren Leiden und in ihrer schnell reizbaren Sinnlichkeit verwandt fühlte. Schiller zählte noch einmal seine Schwächen und Launen auf, um sicher zu sein, daß er trotz dieser auch wirklich geliebt wird, klagte über »seine traurige düstre Jugend« und »eine herz- und geistlose Erziehung«, um die Schwächen zu erklären, die in ihm »die leichte schöne Bewegung der ersten werdenden Gefühle« gehemmt hätten, was ihn immer noch martere. Gegenüber Caroline kann er sagen, was er Charlotte noch nicht sagen kann oder will. Vor ihr kann er sich klein machen, sich selbst erniedrigen, sich demütig geben, kann sich mit seinen Martern und Selbstzweifeln einkuscheln in die Frau, die zwar nicht älter ist als er, die ihn aber mütterlich fast in die Arme nimmt und ihm Zuflucht gibt. »Aber Du glaubst an meine Seele«, fuhr er Caroline beschwörend fort, »und auf diesen Glauben will ich bauen. Bei allen meinen Mängeln wirst Du das immer finden, was Du einmal in mir liebtest. Meine Liebe wirst Du in mir lieben.« Ein erneutes Liebesbekenntnis an die Schwester seiner Verlobten, wenn auch ein hochmütiges und narzißtisches. Im letzten »dürftigen Behelf« des Briefes phantasierte sich Schiller, bevor er Jena für Rudolstadt verließ, schon in die künftige Ménage à trois hinein: »Meine Seele ist gar oft mit den Szenen der Zukunft beschäftigt. Unser Leben hat angefangen, ich schrieb vielleicht auch, wie jetzt, aber ich weiß Euch in meinem Zimmer, Du Caroline bist am Klavier und Lottchen arbeitet neben Dir, und aus dem Spiegel, der mir gegenüber hängt, sehe ich euch beide«, nämlich die Muse und die Hausfrau. »Ich lege die Feder weg, um mich an Eurem« – ja nun nur an dem einen – »schlagenden Herzen lebendig zu überzeugen, daß ich Euch habe, daß nichts nichts Euch mir entreißen kann.«

Auch seine Verlobte nicht?

Knapp eine Woche nach dieses Tagtraums dürftigem Behelf trifft Schiller am Mittwoch, dem 18. September, nachmittags in Rudolstadt ein, nimmt den Tee mit den Schwestern, übernachtet in der »Güldenen Gabel« und bricht am folgenden Morgen nach Volkstedt auf, wo er sich wie im Sommer des Vorjahres im Haus des Kantors Unbehaun eingemietet hat. Doch die erste Woche des Herbsturlaubs wird Schiller durch heftige Zahnschmerzen verleidet. Der Aufenthalt verläuft nicht so unbeschwert wie im Jahr zuvor. Zum einen müssen die Töchter ihrer Mutter Charlottes Verlobung und Carolines Plan der Ménage à trois weiterhin verheimlichen, was gelegentlich zu verklemmten Gesprächen und Situationen führt. Zum anderen belastet die Liebe Carolines zu Schiller, die der ja erwidert, Charlottes Liebe zu Schiller und selbst die zu ihrer Schwester. Das Verhältnis zwischen den Schwestern war bis dahin ziemlich ungestört verlaufen. Charlotte hatte die ältere Schwester nicht nur in allem akzepiert, sie hatte sich ihr immer fraglos untergeordnet, ihre Capricen ausgehalten und sie auch aufgemuntert in ihrer so verhaßten Ehe mit von Beulwitz, dem sie ihre Jugend opfern mußte. Nun gab es erstmals eine beiden unbekannte Situation. Sie lieben denselben Mann, einen Dichter, der beiden die Mädchen-Leseträume zu erfüllen verspricht, und vielleicht auch mehr. Charlotte will den Dichter ungeteilt, Caroline vielleicht auch. Sie aber sieht für sich in der Liaison zu dritt den einzigen Ausweg, Schiller zu lieben und ihm weiterhin nahe zu sein.

Doch der Dichter hat nicht nur Zahnschmerzen, er arbeitet auch mehr als im Sommer zuvor. In ihm hatte er endlich entdeckt, daß auch er fast unbekümmert genießen kann. Doch das ist nun vergessen. In einem Brief aus Jena hatte er schon angekündigt: »Leider schleppe ich auch Geschäfte mit, und so oft, wie im vorigen Herbst kann ich Sie in diesem Herbst nicht genießen.« Daher hatte er sich auch in Volkstedt und nicht in Rudolstadt selbst einquartiert, um nicht unablässig in Versuchung zu geraten, die Nähe der Frauen zu suchen. Widerwillig arbeitete er seine Vorlesungen für den Winter aus, verfaßte Aufsätze für die Zeitschrift ›Thalia‹ und hatte immer noch eine Fortsetzung des ›Geisterseher‹ und einen Beitrag für die ›Sammlung historischer Memoiren‹ abzuliefern. Schiller muß, ob er will oder nicht, unablässig veröffentlichen, da die Einnahmen aus seiner Professur gering sind, er auf die Honorare für die Zeitschriftenbeiträge angewiesen bleibt. Zudem hat er ja bald einen Hausstand zu gründen, will er heiraten. Aber wie?

In Caroline reifte allmählich ein anderer, noch kühnerer, aber praktikabler Plan. Sie will Schiller nach Rudolstadt holen, ihn ganz an sich und die Schwester binden, denn wie soll sie mit ihm woanders leben, da sie doch verheiratet ist. Ihr Mann war in diesen Herbstwochen noch nicht in Rudolstadt zurück, befand sich weiterhin mit den zwei Prinzen auf Bildungsreise. Aber seine Abwesenheit machte die Sache nur scheinbar und nur für den Moment leichter. Schiller schätzte das ausgeglichene und ausgleichende Temperament des Manns, auch wenn er oder gerade weil er der Ehemann »seiner« Caroline war. Diese aber leidet, denn sie weiß nicht recht, wie und wo sie mit Schiller und Charlotte leben soll. In Kürze wird ihr Ehemann zurück sein und das Ehedrama beginnt wieder. Alles muß geklärt werden. Ihre Unruhe steigerte sich und die Zuckungen, die ihr Gesicht durchziehen, wenn sie leidet, wenn sie unruhig ist, wenn ihre Seele krankt, verstärkten sich in diesen Wochen, da alles zu einer Entscheidung in ihrem Leben drängt.

Man hat in diesen vier Wochen, die Schiller in Rudolstadt bleibt, viel über die Zukunft gesprochen. Aber eine Lösung hat man nicht gefunden. Charlotte krankt an der Ungewißheit, ob Schiller nicht eigentlich die Schwester vorzieht, da diese aber nicht frei ist, sie heiratet. Caroline krankt an der Ungewißheit, wie das Leben zu dritt zu leben sein wird. Und Schiller? Schiller hofft und gibt die Lösung in die Hände der beiden Frauen, denn er entscheidet sich nicht, will beide, was auch heißen kann, er will keine. Von ihnen. Aber eine andere hat er ja nicht gefunden.

Gegen Ende werden die Ferientage von Rudolstadt doch noch ganz vergnüglich, denn Schiller legt die Arbeit beiseite und bringt sie »mit Essen, Trinken, Schachspielen oder Blindekuh-spielen zu«. Doch diesmal ist das Vergnügen nicht zu verlängern wie im Jahr zuvor. Er muß zurück nach Jena. Professor Schiller hat seine Vorlesungen zu halten. Am 22. Oktober trifft er um 22 Uhr abends in Jena wieder ein, sucht noch die Familie Gries-bach auf, bevor er sich in seiner Wohnung in der »Schrammei« zur Nachtruhe in sein Bett legt.

Endspurt

Kaum waren die drei Unzertrennlichen wieder getrennt, setzte sich »der dürftige Behelf« des Briefwechsels fort. Es gab noch einiges zu klären. Zwar schrieb Schiller drei Tage nach seiner Abfahrt aus Rudolstadt »Oh Caroline! Lotte! warum sind wir getrennt!«, doch wiederum drei Tage später versuchte er sich gegenüber seiner Verlobten für die Verteilung der Gefühle, bei der sie sich zu kurz gekommen fühlte, zu rechtfertigen: »Soll ich es Dir gestehen? Ich hielt Dich nicht mehr für ganz frei«, und meinte wohl ihre Neigung zu Henry Heron, dem englischen Kapitän, dem sie in der Tat trotz Schiller weiterhin nachtrauerte. »Eine frühere Neigung, fürchtete ich, hätte Dich gebunden, und ihr Eindruck würde durch einen neuen nicht ganz mehr zu verlöschen sein«, hatte Schiller also nicht ganz falsch diagnostiziert. Er fügte jedoch hinzu, vielleicht auch weil er selbst dem eigenen Argument nicht ganz glaubte: »Aber diese Dinge sollen uns nicht mehr beschäftigen. Haben wir uns doch verstanden und gefunden und gehören uns auf immerdar« und forderte von Charlotte: »Deine Seele muß sich in allen Gestalten vor mir verklären«, verlangte von ihr zugleich, sie solle sich um ihre kranke Schwester kümmern, deren Nervenkrankheit sich angesichts der Ungewißheiten verstärkt hatte. All das, was er von Charlotte forderte, brauchte er von Caroline nicht zu fordern, denn in einem Brief an sie vom selben Tag ist zu lesen: »Dein ganzes Wesen bringen mir Deine Briefe. Deine ganze liebe Gegenwart strahlt mir darin, und ich glaube, in Deine Augen zu blicken, aus denen mir so oft Deine Seele glänzt.«

Und er gab Caroline noch Ratschläge, was sie tun könne, wenn ihre kranke Seele in ihrem Gesicht zuckte. »Noch Deine

Gesundheit, und ich will jetzt nichts mehr wünschen. O erhalte sie mir!« – und meint immer nur sich – »Sei ruhig, und Du wirst gesund sein! Ruhe ist alles, was Du brauchst – Deine Seele umfaßt noch mit zuviel Heftigkeit alles. Wie ruhig könntest Du sein, wenn Du nur allein in der Wirklichkeit lebtest« und meinte eine Wirklichkeit an seiner Seite.

Schiller entwarf eine neue Wirklichkeit, wenn er am Tag seines dreißigsten Geburtstags, am 10. November 1789, den Schwestern eine Phantasie ausschmückte: »Wenn ich mir denke, daß wir drei zusammen, an mehr als einem auserlesenen Platz, mit 1000 Talern vortrefflich leben könnten, und daß wir diese so gut als schon haben, denn wenn ich meine ganze Zeit in der Gewalt habe, und mein Geist frei ist, so sind mir 600 rt, leicht, bloß durch Arbeiten der Schriftstellerei zu verdienen, denn ich habe sie in manchem Jahre wirklich mir erworben. Dann wäre jede Abhängigkeit, jedes lästige Verhältnis erspart«, und er meinte seine Professur in Jena damit. Schiller hatte also Carolines Plan, eine Ehe zu dritt zu führen, ganz in seine Zukunft mit einbezogen. Nur wie und wo leben? Und wie soll er das Leben dreier Menschen finanzieren? Zuvor hatte er beklagt, daß er in Jena »gar nichts gewonnen, aber viel verloren« habe, so daß er daran denke, seine Professur, die kaum etwas einbringt, niederzulegen, und malte sich eine mögliche Zukunft in Berlin oder Wien aus, wollte sich auch an Karl Theodor von Dalberg wenden, der ihm in Süddeutschland eine Position verschaffen könnte. Dalberg war der Bruder des Mannheimer Theaterintendanten, mit dem Schiller ja nicht nur gute Erfahrungen gemacht hat, und war Kurmainzischer Statthalter in Erfurt, zugleich Koadjutor des Kurfürsten von Mainz. Ihn kannte er als kunst- und literatursinnigen Menschen. Heidelberg oder erneut Mannheim könnte dann der Ménage à trois eine Heimstatt geben.

»Aber bei diesem Mannheim fällt mir ein, daß Ihr mir doch manche Torheit zu verzeihen habt, die ich zwar vor der Zeit, eh wir uns kannten, beging, aber doch beging!« veriet Schiller den Schwestern und spielte vor ihnen kokett den Lebemann, der er mal war, inszenierte sich als Mannheimer Don Juan, was ihn in den Augen einer Frau, und besonders in denen der lustbereiten Caroline, womöglich attraktiver macht. »Nicht ohne Beschämung würde ich Euch auf dem Schauplatz herum wandeln sehen, wo ich als ein armer Tor, mit einer miserablen Leidenschaft im Busen herumgewandelt bin.« Scham und Buße waren gespielt, wenn er auf seine Liebesverhältnisse zur Buchhändlertochter Margarethe Schwan, zur Schauspielerin Katharina Baumann und natürlich zu Charlotte von Kalb anspielt. »Nein, laß diese Ideen nie wieder in Dir aufkommen. Das Gefühl unserer reinern, höheren Liebe soll uns beleben«, antwortete Charlotte dem Dichter beruhigend, der sie ja dezent und ein wenig auch prüde wußte.

Doch der Plan blieb nur Plan, und Schillers Hoffnungen auf eine Stellung in der weiten Welt werden sich nicht erfüllen. Er schloß den Brief: »Das ist kein Leben, das nicht gelebt, wie wir jetzt unsre Stunden hinharren müssen.«

Verwirrtes Verhältnis

Im Laufe des Novembers im Jahr der Französischen Revolution wird der Dreierbund, Doppelbrautschaft könnte man es auch nennen, immer mehr zu einer gefährdeten Liaison, keiner gefährlichen im Sinne von de Laclos. Ein »verwirrtes Verhältnis« nannte Schiller sie im Brief vom 15. November, der einiges zu klären versuchte, aber letztlich hilflos vor der Zukunft blieb.

Charlotte hatte schon kurz nach der Rückkehr Schillers aus Rudolstadt nach Jena ihrer Verunsicherung gegenüber Schiller Ausdruck gegeben, gab den Gedanken frei, »daß dir Caroline mehr sein könnte als ich, daß du mich nicht zu deinem Glück nötig hättest«. Selbstzweifel plagten sie, die sie auch ihrer Freundin Karoline von Dacheröden verzweifelt anvertraute. Die antworte Charlotte: »Ich weiß aus einer traurigen Erfahrung, welche Hirngespinste die getrübte Phantasie ausbrütet und Dein zartes Herz muß nicht mit diesen Unholden gefüllt sein. Sei offen, wahr mit Deinem Geliebten; ich wollte mein Leben zum Unterpfand geben ... daß Schiller keine von Euch mehr, daß er Euch aber verschieden liebt ... Diese Verschiedenheit liegt in Deinem und in Linas Wesen und ist Dir wahrscheinlich erst jetzt anschaulich geworden, weil er erst jetzt seine Gefühle zeigen durfte ... O Lotte, ich fürchte, Du umfassest ein Ideal, das Du nie besessen hast. Die Männer, und selbst die besten, können nicht lieben wie wir«, was sie selbst in ihrer schwierigen Liebe zu Humboldt noch erfahren wird. Charlottes Selbstzweifel konnte Schiller in einem Brief vom 8. November lesen: »Könntest Du Dir nicht zu hohe Begriffe von mir machen? Kann ich Dir wirklich so, wie meine warme Liebe zu dir es möchte, Dein Leben verschönen, Lieber?« Schiller antwortete: »Du kannst fürchten liebe Lotte, daß du mir aufhören könntest zu sein, was du mir bist, so müßtest du aufhören mich zu lieben!« schrieb der Verlobte ein wenig verwirrend kryptisch, aber mit Ausrufezeichen. »Unsere Liebe braucht keiner Ängstlichkeit, keiner Wachsamkeit, – wie könnte ich mich zwischen Euch beiden meines Daseins freuen, wie könnte ich meiner eigenen Seele immer mächtig genug bleiben, wenn meine Gefühle für Euch beide, für jedes von Euch, nicht die süße Sicherheit hätten, daß ich dem anderen nicht entziehe, was ich dem einen bin.« Er bestand also auf der Doppelbrautschaft und erklärte: »Caroline ist mir näher im Alter und darum auch gleicher in der Form unsrer Gefühle und Gedanken. Sie hat mehr Empfindungen in mir zur Sprache gebracht als Du meine Lotte – aber ich wünschte nicht um alles, daß dies anders wäre, daß Du anders wärest als Du bist. Was Caroline vor Dir voraus hat, mußt Du von mir empfangen; Deine Seele muß sich in meiner Liebe entfalten, und mein Geschöpf mußt Du sein, Deine Blüte muß in den Frühling meiner Liebe fallen.«

Unmißverständlich hatte Schiller Charlotte klargemacht, daß sie, wenn sie ihn denn heirate, seine Kreatur werden müsse, er ihr Gott, er ihr Schöpfer, dem sie sich zu ergeben, dem sie sich aufzuopfern habe. In ihr hat Schiller die Frau gefunden, die er schon als Ideal einer Ehefrau beschrieben hat und die er weiter für sich formen wird. Darum, und nur darum auch, wird er sie heiraten und keine andere. Was aber nun ist Caroline? Sie ist der Traum einer Frau, die ihn umgarnt, die ihn erlösen könnte, von allen Übeln der Liebe auch, die Liebhaberin par excellence. Hin- und hergerissen ist er zwischen der einen und der anderen, zwischen der erotischen Frau und der Hausfrau. Und da er sich nicht entscheiden kann und will, beide begehrt und braucht, hat er Carolines Angebot gern angenommen, beide um sich zu haben, die kühle »Weisheit« und die laszive »Bequemlichkeit«. So hat er sie unterscheidend oft mit Scherznamen betitelt. Caroline hat jene »unfehlbare Macht auf meine Sinnlichkeit«, von der er schon vor einigen Jahren so kategorisch geschrieben hat. Charlotte war ihm nach der Verlobung nun so gut wie sicher, aber um Caroline sorgte er sich, nicht weil er fürchtete, sie liebe ihn nicht, sondern sie stünde ihm nicht zur Verfügung. Offen sprach er nun die Möglichkeit einer Scheidung von Hofrat von Beulwitz an, und zwar in jenem an beide Schwestern adressierten Brief eines Sonntagsabends, dem des 15. November, in dessen erstem Teil er versucht hatte, Charlottes Zweifel an ihm zu beruhigen.

»Nur Dein Schicksal, meine Caroline, ist es, was mir Unruhe macht – ich kann dieses trübe Verhältnis noch nicht aufklären, und es wird noch verwirrter, wenn ich an meine Lage denke. Bleibe ich in Jena, so will ich mich gern ein Jahr und etwas drüber mit der Notwendigkeit aussöhnen, daß du mit B. allein lebst«, erläuterte Schiller und verlangte im Grunde ihre Scheidung nach gut einem Jahr. Zuvor aber: »Von diesem Jahr kannst Du die Hälfte bei uns zubringen, und die kleinen Zwischenräume der Trennung machen es erträglicher.« Immer wieder erörterte Schiller die Notwendigkeit, aus Jena wegzukommen, um irgendwo ein »beträchtlich fixes Gehalt« zu erlangen, damit er die Ménage à trois auch alimentieren könne, und kam zu dem Schluß: »Es wäre schrecklich, wenn das nächste Jahr wie dieses vorübergehen sollte«, nämlich getrennt voneinander. »Und darin liegt nun eben das Schlimme. Ich muß daran arbeiten, von hier wegzukommen, um unsere Verbindung zu beschleunigen; und wenn sich Dein Verhältnis nun nicht mit gleichen Schritten entwickelt, so kämen wir auf ein ganzes Jahr auseinander. Dies darf wieder nicht sein.« Doch: »Ich weiß mir aus diesem verwirrten Verhältnis nicht zu helfen.« Und er bat Caroline inständig, sie solle ihre Angelegenheiten, will sagen die Scheidung von Beulwitz, schneller zur Entscheidung bringen.

Wenige Tage später nun machte Caroline jenen Vorschlag, der alles in ihren Augen erleichtern könnte und den sie schon länger im Sinn gehabt haben mag, Schiller solle zu ihnen, zu Charlotte und ihr nach Rudolstadt ziehen und als freier Schriftsteller leben, was auch heißen könnte, sie müßte sich nicht von Beulwitz scheiden lassen, könnte weiter neben diesem her, aber mit Schiller leben.

Am Freitag, dem 2. Dezember, treffen Charlotte und Caroline bei Schiller in der Schrammei ein. Sie sehen sich vier Stunden lang. Die Schwestern haben einen Umweg über Jena genommen, um nach Weimar zu einem Winteraufenthalt zu fahren. Vier Stunden lang sprechen sie über die Zukunft, können sich daher kaum über ihre Gegenwart freuen und küssen sich doch häufig. Welche der beiden Frauen küßt Schiller inniger? Und welche Schiller? Hunderttausend Küsse haben sie sich schon per Brief geschickt. Doch der Besuch ist nicht schicklich, darf nicht auffallen, und die Damen müssen weiter nach Weimar, verweilen daher so kurz, brechen bald auf, der Abschied fällt schwer. So begleitet er sie und ihre Kutsche zu Pferd noch ein Stücks des Wegs, kann so länger in ihrer Nähe sein, beide noch einmal zum Abschied küssen. Dann kehrt er allein in die Schrammei zurück, die Schwestern erreichen am Abend Weimar und nehmen Quartier am Markt, direkt neben dem Gasthaus »Elephant«. In ihm logiert Schiller dann, als er am 12. Dezember für einen Tag und eine Nacht nach Weimar kommt, um die Schwestern zu besuchen. Sie beschließen, den Plan Carolines wahr zu machen. Schiller will zu Ostern seine Professur in Jena niederlegen und dann nach Rudolstadt ziehen. Die Zukunft scheint beschlossen, nur die Chère Mère muß noch ihre Zustimmung geben. Drei Tage später enthüllen die Schwestern ihr das Geheimnis der Verlobung ihrer Tochter mit dem Dichter. Am 18. Dezember wirbt Schiller brieflich bei Mutter Lengefeld um die Hand Charlottes und erhält ihre Zusage. Jetzt steht der baldigen Hochzeit kaum noch etwas im Wege. Herzog Carl August von Weimar hat es auch schon erfahren, von Charlotte von Stein. Die andere Charlotte, die von Kalb, gerät in Unruhe, weiß nichts Genaues, ahnt aber und befürchtet, sie werde ihren Liebhaber, ihren Dichter verlieren, an eine andere, ahnt auch schon an wen.

Am 19. Dezember trifft Schiller erneut in Weimar ein, bleibt nur wenige Stunden bei Charlotte und Caroline, reitet noch des Nachts zurück und erreicht Jena um 3 Uhr morgens. Am Abend des 20. Dezember kommt es in Weimar zu einem Eklat. Bei einer Hofgesellschaft stellt Charlotte von Kalb sich Charlotte von

Lengefeld in den Weg und stellt sie wegen Schiller zur Rede, beklagt sich bei ihr darüber, daß er sie nicht aufgesucht habe.

Schon in einem Brief von Anfang Dezember hatte Schiller den Schwestern davon abgeraten, ihr zu begegnen und hat sie dabei gleich charakterisiert: »Sie ist durchaus keiner Herzlichkeit fähig. Sonst hat man doch in Verhältnissen wie meins gegen sie war«, und meinte damit ein Liebesverhältnis, »Momente der Wärme, die sie auch wirklich hatte; aber ich zweifle, ob sie Wärme geben kann. Ihr lauernder Verstand, ihre prüfende kalte Klugheit, die auch die zärtesten Gefühle, ihre eigenen sowohl als fremde, zerschneidet, fordert einen immer auf, auf seiner Hut zu sein« und verriet so schreibend eine Liebe von mehreren Jahren. Zugleich nahm er die Schwestern gegen sie ein, »Ich muß hier den Apfel der Zwietracht säen«, und war damit erfolgreich. Seine Braut schrieb nach einem zufälligen Zusammentreffen mit der Konkurrentin um die Dichterliebe: »Nein gewiß Lieber, sie ist nicht gemacht, Dir zu gehören, sie hat so viel Härten in ihrem Wesen, die Dich nicht glücklich gemacht hätten.«

Weihnachten und Silvester verbrachte Schiller mit seinen beiden Frauen, von denen er die eine bald heiraten kann, in Weimar. Am Silvesterabend besuchten sie das Theater, sahen ein Schauspiel von Kotzebue ›Menschenhaß und Reue‹ und feierten ins neue Jahr hinein mit den frisch Verlobten Karoline von Dacheröden und Wilhelm von Humboldt. Auch Carl von La Roche war dabei, der auch um die Gunst der Dacheröden geworben hatte, auf die auch Schiller mal einen kurzen Seitenblick gewagt hatte.

Zwei Wochen später schrieb Karoline von Dacheröden an Humboldt: »Eine Unerklärlichkeit bleibt mir in Schiller. Hat er nie Carolines Liebe empfunden, wie konnte er mit Lotte leben wollen? Hat er sie gefühlt, so nahm er die Verbindung mit Lotte nur als Mittel, mit jener zu leben.« Dem hätte Schiller selbst in diesen Wochen kaum widersprochen. Und Wilhelm von Humboldt fügte noch hinzu: »Wenn ich Caroline ansah, über ihn hingelehnt, das Auge schwimmend in Tränen, den Ausdruck der höchsten Liebe in jedem Zug«, und da verschlug es Humboldt die Sprache, selbst brieflich, fuhr indes fort, sagte über Lotte: »Sie war an seiner Seite wie fern von ihm. Hast Du ihn nie Caroline küssen sehn und dann Lotten?« Karoline von Dacheröden nahm auch Partei für Caroline und meinte, ihre Schwester Charlotte wäre des Dichters in keiner Weise würdig, und fürchtete gar, ihre Freundin Caroline gehe »bei diesem Verhältnis zugrunde«.

Das Jahr 1790 hatte begonnen, und es blieben noch 53 Tage bis zur Hochzeit Schillers mit Charlotte. Doch die hatte am Silvesterabend, wie auch Wilhelm von Humboldt und Karoline von Dacheröden bemerkt, daß Schiller sich mehr Caroline zuwendete, diese womöglich mehr liebte als sie und schrieb am 3. Januar nochmals eindringlich an ihren Verlobten: »Unser Zusammenleben die paar Tage war mir nicht so wohltuend als sonst . . . Ich fürchte, daß Dein Herz meine Liebe nicht so heiß auffassen könnte, wie ich sie Dir fühlbar machen möchte.«

Schiller antwortete: »Die Zweifel, die Du Dir aufwirfst, meine Liebe, enthalten einen stillen Vorwurf gegen mich, ob ich gleich weiß, daß Du mir keinen machen wolltest . . . Aber diese Zweifel werden aufhören, wenn Du mich ganz kennst« ; und schloß den Brief dann doch: »Ich schließe Euch an meine Seele; Ach ihr seid mir immer zur Seite«, bestand auf der Doppelliebe und machte gut eine Woche später den Vorschlag an Caroline, in einer Wohnung mit dem künftigen Ehepaar in Jena zu leben. Ihre Idee, gemeinsam in Rudolstadt zu leben, war verworfen worden.

Am Neujahrstag hatte Herzog Karl August, der von der bevorstehenden Hochzeit Schillers mit Charlotte von Lengefeld nun ja wußte, den Dichter zu sich gerufen, gemeint, Geld sei das Beste was man zu einer Ehe hinzugeben könne, und ihm ein jährliches Gehalt von 200 Talern gewährt. Eine materielle Grundsicherung für ein Leben als Professor mit Ehefrau und Schwägerin war nun gegeben.

Höchste Hochzeit in Wenigenjena

Äußerliche Hindernisse gibt es jetzt keine mehr«, meldete Friedrich Schiller Anfang Januar 1790 an seinen Vater Johann Kaspar nach Stuttgart und fast gleichlautend an Christian Gottfried Körner nach Dresden und meinte die Hochzeit. Man traf Vorbereitungen. Schiller wollte spätestens zu Ostern Ehemann sein. »Es wird bloß von Ihrer Güte abhängen, ob wir uns unsrer Vereinigung bald zu erfreuen haben sollen«, schrieb er an die Chère Mère, immer ein wenig hölzernen Tons, wenn er sich an sie wandte. »Wenn Ihnen meine Glückseligkeit etwas gilt, so lassen Sie mich die vielen Freuden in Anschlag bringen, womit Lottchen mein jetziges Dasein in Jena verschönern wird«, fuhr er fort und hatte immer noch Furcht, Charlottes Mutter könnte sich anders besinnen. »Von außen hindert unsere Verbindung jetzt nichts mehr«, betonte er auch ihr gegenüber. Und von innen? Auch sie wird bemerkt haben, daß ihre beiden Töchter eine tiefe Neigung zu dem armen Poeten haben und daß Schiller bei beiden Zuneigung und Liebe gesucht hat.

Schließlich stimmte Mutter Lengefeld, wenn auch immer noch mit Bedenken, der baldigen Hochzeit zu und stellte Charlotte einen jährlichen Zuschuß von einhundertfünfzig Talern zur Haushaltsführung in Aussicht. Wenige Tage später erhielt Schiller zudem von Herzog Georg von Sachsen-Meiningen das Hofratsdiplom, das ihn zwar nicht adelte, aber dennoch gesellschaftliches Ansehen einbringen sollte. Schiller hatte sich im Dezember mit der Bitte an den Herzog gewandt: »Da mir die Güte der Mutter und die Liebe der Tochter das Opfer des Adels bringt ... so wünschte ich, ihr das Opfer durch einen anständigen Rang in etwas zu ersetzen oder weniger fühlbar zu machen.« So konnte er

115

der Chère Mère nun mitteilen, daß er ihre Tochter zur Hofrätin machen könne und ihr damit einen anständigen Rang geben würde. Zu Körner jedoch äußerte er sich eher belustigt ironisch: »Ich bin seit einigen Tagen um eine Sylbe gewachsen – wegen meiner vorzüglichen Gelehrsamkeit und schriftstellerischen Ruhms« habe er nämlich das Diplom erhalten.

So läuft alles auf baldige Hochzeit hinaus. Freund Körner konnte indes seine Einwände nicht verhehlen, hatte er doch Schiller seine Bedenken gegen eine Hochzeit mit Charlotte Lengefeld geschrieben und sie seiner nicht für würdig erachtet. Schiller erwiderte in einem gegenüber dem Freund und Mentor ungewohnt scharfen Ton: »Mir scheint, es begegnete Dir diesmal mit mir, was schon einige Male geschah. Du hast Dich über mich geirrt, weil Du zu wenig Gutes von mir hofftest. Ich bin bei diesem ganzen langen Vorfall«, er meinte damit wohl die lange, nun doch noch geglückte Brautsuche, »mit meinem Kopf und meinem Herzen sehr zufrieden ... Wenn ich vielleicht, als Liebhaber wie Du sagst, zu hoch in den Wolken stand, um meinen Gegenstand gut zu sehn«, so sprach er von seinen möglichen Bräuten, »so stellst Du Dich vielleicht diesmal«, und meinte Charlotte, »etwas zu tief auf den Boden. Es wird gar nicht an Gelegenheiten fehlen, die Dich bekehren werden.«

Daraufhin machte Schiller seinerseits Körner einen Vorwurf: »Und vielleicht gestehst Du Dir dann selbst, ein schönes Herz und eine fein gestimmte Seele darum nicht gefunden zu haben, weil Du diese Eigenschaften bei Deinen Forderungen übersahst«, womit er auf die nicht gerade glückliche Ehe des Freundes mit seiner Minna anspielte. Mit Charlotte von Lengefeld war eine Frau zwischen die Freunde getreten, die nur durch ihre Existenz die Freundschaft gefährdete. Da Schiller das spürte, beeilte er sich dann doch, Körner zu beruhigen: »Du wirst mit keinem Menschen ein genaueres Band flechten als mit mir, und ich ebenso. Also haben werden wir uns immer.« Das hatten Sie einander ja auch schon versprochen, bis der Tod sie scheide.

Schiller glaubte, Charlotte von Kalb intrigiere gegen seine

Hochzeit, nachdem sie seine Verlobte schon öffentlich zur Rede gestellt und beschimpft hatte. Er verdächtigte sie gar, Briefe Charlottes und Carolines an ihn abgefangen zu haben. Als das Aufgebot in der Jenaer Hauptkirche ausgehängt wurde, schrieb Schiller scherzhaft: »Mir ist jetzt nur bange, daß sich niemand meldet, den ich zu heiraten versprochen habe, oder daß Knebel nicht auftritt und mir Lottchens Hand streitig macht. Gewisse Leute sollen wirklich, damit die Geschichte eine tragische Verwicklung bekäme, diesen Ressort spielen lassen«, und meinte wieder Charlotte von Kalb. Ihr hatte er am 8. Februar in einem Brief die baldige Hochzeit mit der anderen Charlotte angekündigt. Zwei Tage später kam es in Weimar bei einer Gesellschaft zu einem erneuten Zusammenstoß zwischen Schillers Braut und seiner ehemaligen Geliebten. »Wir waren ganz kalt gegeneinander«, berichtete Charlotte von Lengefeld über die Konkurrentin Charlotte. »Sie sah aus wie ein rasender Mensch, bei dem der Paroxysmus vorüber ist, so erschöpft, so zerstört . . . Ich fürchte wirklich um ihren Verstand.« Daraufhin wird Schiller Charlotte von Kalb, wie sie gefordert hat, ihre Briefe an ihn zurückgeben. Sie wird sie verbrennen.

Doch die letzten zwei Wochen bis zur Hochzeit verliefen ohne jegliche »tragische Verwicklung«. Die Hochzeit soll, wie er Körner mitteilte, »ganz ohne fremde Zeugen« stattfinden. Man will unter sich sein, kein Aufsehen erregen, natürlich auch, weil das Paar sich keine prunkvolle Hochzeit leisten kann und weil eine Adlige einen Nichtadligen heiratet, da hilft auch kein Hofratsdiplom.

Zur Trauung hat man die Dorfkirche von Wenigenjena ausgesucht, einige Kilometer außerhalb von Jena, auf der anderen Seite der Saale. Am Sonntag abend, dem 14. Februar, schrieb Schiller den beiden Schwestern einen letzten Brief als Junggeselle. »Noch vier Tage und ich bin in Eurer Mitte«, so als würde er binnen kurzem beide heiraten. Vier Tage später, unmittelbar nach seiner Vorlesung, brach er in Jena auf, fuhr nach Weimar, wo er Charlotte von Kalb kurz sah, ihr ihre Briefe zurückgab. Tags darauf ging es weiter nach Erfurt, wo Charlotte und Caroline bei ihrer Freundin Karoline von Dacheröden weilen. Drei

Tage verbrachte Schiller zwischen den drei Frauen. Karoline gab ihrem Verlobten Wilhelm von Humboldt genauestens Bericht: »Lottes Stimmung ist heiter, Schiller hat seine Lage, sein schweres, vielleicht einziges Verhältnis gegen beide ganz durchschaut«, was immer das genau heißen mag, und sie charakterisierte nochmals die Braut: »Da es ihr an eigenem Charakter«, im Gegensatz zu Caroline nämlich, »fehlt, ist es am besten, sie wird die Eindrücke annehmen, die man ihr gibt«, meinte damit, Schiller sei im Begriff, ein leeres Blatt zu heiraten. Zu den drei Frauen und Schiller kam häufig von Dalberg hinzu, der dem Dichter und Historiker immer wieder Aussichten auf einen Posten im Kurpfälzischen machte, was seine bürgerliche Existenz, die der mit der Ehe vervollständigen wollte, weiter festigen würde. Am Morgen des 21. Februar brach Schiller mit den Schwestern nach Jena auf. Karoline von Dacheröden, deren engste Freundin, wäre liebend gern mitgefahren, um bei der Hochzeit dabeisein zu können. Doch ihr Vater verbot es ihr, da er nicht wollte, daß sie bei einer Hochzeit einer Adligen mit einem Bürgerlichen zugegen sei. Also blieb sie in Erfurt zurück.

Am Abend, dem Vorabend der Hochzeit, einem Sonntag, erreichte das Trio Jena, wo die Schwestern im Haus eines Fräulein von Seegner Quartier nahmen. Schiller verbrachte die Nacht in seinen Zimmern der Schrammei, die letzte ohne Ehefrau.

Kurz ist die Nacht, denn am frühen Morgen bricht er mit Braut und deren Schwester nach Kahla auf, wo man die Chère Mère erwartet. Man ißt zu Mittag. Gegen 14 Uhr fahren sie zu viert zurück nach Jena, passieren es und gelangen nach Wenigenjena. Die beiden Schwestern betreten mit der Mutter die Kirche, Schiller folgt. Hinter ihnen werden die Portale der Dorfkirche geschlossen. Karl Christian Erhard Schmidt, Theologe und zugleich Dozent an der Jenaer Universität, wird die Trauung vornehmen. Um 17.30 Uhr ist in aller Stille die Ehe geschlossen. Es ist schon dunkel. Schiller ist am Ziel. Er ist dreißig und Ehemann. »Ein kurzweiliger Auftritt«, so wird er die Hochzeit später nennen. Man verläßt die Dorfkirche, die Charlotte Schiller, wie sie nun heißt, aus der Erinnerung zeichnen wird. »Heute ist also der lang beschlos-

Karoline von Dacheröden

sene Tag von Schillers Verbindung« – berichtet Karoline von Dacheröden, die nicht dabeisein darf, Humboldt.

Die winzige Hochzeitsgesellschaft trifft gegen Abend in Jena ein, sitzt noch einige Stunden zu viert bei Tee zusammen, Schiller und drei Frauen. Dann bleibt Charlotte bei dem Dichter. Die Schwester geht mit der Mutter hinüber in das Quartier bei Fräulein von Seegner. Der Hochzeitsnacht folgt ein neuer Morgen.

*

Am Tag nach der Hochzeit erhält das frisch vermählte Paar adligen Besuch aus Weimar. Charlotte von Stein, ihre Schwester Luise von Imhof und Karl Ludwig von Knebel, der im Werben um Charlotte das Nachsehen hatte, gratulieren ihr und Friedrich Schiller.

Nach einigen Tagen reist die Chère Mère zurück nach Rudolstadt. Caroline bleibt. Sie richtet sich mit dem Ehepaar ein, eine Ménage à trois Haus an Haus beginnt. Lange wird sie nicht dauern.

Ehe zu dritt – auf Zeit

Mein Leben ist beneidenswert zwischen den beiden«, berichtete Friedrich Schiller nach vierzehn Tagen Wilhelm von Wolzogen, der ihm zwei Jahre zuvor die beiden Frauen zugeführt hatte, mit denen Schiller nun die Ehe zu dritt Haus an Haus ausprobierte. Gegenüber Freund Körner gab er an: »Was für ein schönes Leben führe ich jetzt ... Mein Dasein ist in eine harmonische Gleichheit gerückt.« Der glückliche Ehemann mit den beiden Frauen an seinen Seiten merkte dabei nicht, daß der stille Kampf der Schwestern um den einen Mann im Haus schon kurz nach der Trauung begonnen hatte. Gleichlautend sprach er gegenüber Körner und von Wolzogen indes von den »Zerstreuungen« der Heirat, die ihn eine ganze Woche haben versäumen lassen, so als ob in seiner zerrissenen Natur Glück zugleich mit Verlust einherginge. Näher ging er auch im Brief an Freund Körner nicht auf die Art der Zerstreuungen ein, die ihn während der Hochzeit, in der Hochzeitsnacht und in den Tagen danach beeinträchtigten. Hingegen sprach er von der Furcht, die er vor dem Heiraten gehabt habe, die sich aber zu seinem Erstaunen nicht bestätigt hatte. »Eine Heirat hat auf einen Mann selten einen günstigen Einfluß«, sollte Wilhelm von Humboldt nach seiner baldigen Eheschließung mit der Freundin der Lengefeld-Frauen Karoline von Dacheröden schreiben. Auf Schiller hatte sie vom ersten Tag an einen günstigen Einfluß. Sein Leben entspannte sich, denn er fühlte sich wohl und geborgen zwischen den Schwestern.

Doch zwischen diesen wuchsen die Spannungen schnell. Mit dem Ehering am Finger stärkte sich das Selbstbewußtsein der kleinen Schwester gegenüber der großen und sie reklamierte den ganzen Mann für sich allein.

Caroline lebte nun zwar in der Nähe des Mannes, der die Liebe ihres Lebens war, und glaubte kurzzeitig, das große Glück würde nun beginnen, doch in dieser Nähe begann die Entfernung, die schließlich zum Verzicht auf Schiller führte. Jeden Tag sah sie mit an, wie Charlotte das Netz aus Häuslichkeit und alltäglicher Umsorgung über Schiller auswarf und sie damit von ihm entfernte, was ihr jedesmal einen Stich ins Herz versetzt haben mußte. Und Caroline sah auch, wie Schiller sich willig einfangen ließ, obwohl er doch weiterhin ihre Zuneigung suchte, ihre Wärme und Sinnlichkeit, ihren lebhaften Geist, all das, was die kleine Schwester ihm nicht geben konnte.

Die Chère Mère hatte in den ersten acht Tagen nach der Hochzeit und bevor sie nach Rudolstadt zurückkehren mußte, darüber gewacht, daß das Eheleben ihrer Tochter den richtigen Weg einschlug, auch weil sie wußte, beide Töchter liebten denselben Mann. Charlotte wird das auch als Schutz empfunden haben, vor ihrer Schwester und vor ihrem Ehemann und deren gemeinsamer Anmaßung, ein Leben zu dritt führen zu wollen. Nach der Abreise der Mutter von Lengefeld wird die Ménage à trois mit einwöchiger Unterbrechung noch gut dreißig Tage dauern. Dann wird sie ein Ende finden und der Lebenstraum Carolines zerbersten. »Das verlorene Glück« wird sie später den Verzicht auf Friedrich Schiller nennen.

Das Drama, das sich in Jena abspielte, war ein stilles Drama, aber gerade weil es so still daherkam, schmerzte es Caroline von Beulwitz um so mehr.

Schiller spürte das Drama nicht, oder wollte es nicht spüren, um nicht eine Entscheidung treffen zu müssen. Er war weiter im Traum eines Lebens zu dritt befangen, als es schon im Begriff war zu scheitern. Hoffte Caroline noch, ihr Dichter würde sich dem Unterfangen ihrer Schwester, ihn einzufangen, widersetzen? »Wir gaben schon die ersten Tage ein volles schönes Bild des häuslichen Lebens. Ich fühle mich glücklich, und alles überzeugt mich, daß es meine Frau durch mich ist und bleiben wird«, hatte der Ehemann gegenüber Körner nach acht Tagen ein erstes Resümee seines neuen Standes gezogen, das schon verriet, worauf alles hinauslaufen würde. Zwar bedauerte er in demselben Brief, daß Caroline nicht mit ihm und Charlotte in der Schrammei wohne, gab aber Körner als Grund nicht die Konvenienz an, auf die die Schwiegermutter – und mit ihr wohl auch seine Ehefrau – verwiesen, sondern die beengten Wohnverhältnisse, obwohl doch auf den achtzehn Sesseln seiner Wohnung auch Platz für drei gewesen wäre.

Schiller besaß nicht den Mut, eine Ehe zu dritt wirklich einzufordern und zu leben – gegen alle Konvenienz und gegen alle adlig-bürgerliche Beschränktheit, gegen die Schwiegermutter und auch gegenüber der eigenen Ehefrau, und er nahm willentlich, wenn vielleicht auch kaum bewußt, in Kauf, daß Caroline das Opfer des Plans eines Lebens zu dritt werden würde und schließlich in ihre verhaßte Ehe würde zurückkehren müssen.

»Lieber Wilhelm, wer hätte es denken können, daß es so werden würde, als Du uns meinen Schiller zum ersten Mal vorführtest«, teilte Charlotte ihrem Vetter von Wolzogen stolz und erleichtert mit. Aus unser, der beiden Schwestern Schiller, war »mein Schiller« geworden, lautete die Botschaft der Cousine. Wolzogen aber war entsetzt, als er in Paris, wo er sich als Horchposten des schwäbischen Herzogs Carl Eugen aufhalten mußte, von der Hochzeit erfahren hatte. »Jetzt ist für mich denn alles verloren, ich habe niemanden mehr, von dem ich glauben könnte, er nähme ein ausschließliches Interesse an mir«, vertraute er im März 1790 seinem Tagebuch an. Zuerst hatte er sich ja in seine Cousine Caroline verliebt, die dann von Beulwitz heiratete, dann wandte er sich ihrer Schwester Charlotte zu und hoffte auf sie. Und die hatte nun auch geheiratet.

Wie aber ging die Ménage à trois Haus an Haus vonstatten? Was geschah in Carolines Gemüt, wenn sie abends aus der Schrammei trat, in ihre nahe Unterkunft hinüberwechselte und ihre Charlotte mit ihrem Schiller allein ließ?

Was ging ihr durch den Kopf, wenn sie allein in ihrem Bett lag, schlaflos vielleicht, und die beiden wenige Schritte weiter in deren Bett wußte? Was ging in ihr vor, wenn sie am nächsten Tag wieder zurückkehrte und sah, wie Charlotte ihren Geliebten umsorgte, ihn in eine Geborgenheit und Ruhe einlullte, die dem fahrigen Mann gutzutun schien?

»Mein ganzes äußres und innres Dasein hat bei dieser Veränderung gewonnen und von jetzt kann ich eigentlich erst mein Leben datieren«, meldete Schiller euphorisch drei Wochen nach der Hochzeit seinem Verleger Georg Joachim Göschen. In diesen Tagen muß das neue Leben Schillers eine Tortur für Caroline gewesen sein, die täglich erleben mußte, wie ihre Schwester, die ihr bisher so ergeben war, sie aus dem gemeinschaftlichen Leben zu dritt drängte, sie auch gelegentlich angefleht haben soll, von dem Dichter abzulassen.

Caroline flieht. Sie kann nicht mehr ertragen, von Minute zu Minute weiter ausgeschlossen zu werden. Sie weicht dem sanften, aber beharrlichen Druck ihrer Schwester. Am 22. März besteigt sie eine Kutsche, die sie nach Erfurt bringt, zu ihrer Freundin Karoline von Dacheröden, denn sie weiß sie als Vertraute und in dem Konflikt auch auf ihrer Seite, betrachtet diese doch die Wahl Schillers mit einigem Unverständnis und erachtet Charlotte als dem Dichter nicht angemessen. Sie hatte schon prophezeit, daß ihre Freundin Caroline an der Ehe Schillers mit der Schwester zerbrechen werde. Nun sieht sie diese Prophezeiung Augenblick für Augenblick erfüllt.

Caroline sucht Rat bei Karoline, die alles vorausgesehen hat, als ein Brief Schillers in Erfurt eintrifft. Caroline liest in ihm: »Ich sehne mich nach Dir, meine Liebe. Bleib nicht später aus als auf den Sonntag –«. Nach dem Gedankenstrich aber liest sie weiter, »aber –« und schon wieder hat Schiller einen Gedankenstrich gesetzt, zögert also zu sagen, »warum will ich Dir Zwang antun! Mir fällt ein, daß Du mir anfänglich nicht sagtest, wie lang Du weg sein würdest. Bald könnte mich das beunruhigen. Hab ich etwas getan, das Dich vor mir nicht so frei und unbefangen sein läßt als vor Dir selbst?« fragt Schiller scheinbar unbefangen und ahnungslos. Aber Caroline ruft sich vor Augen, was sie zu Beginn des Briefes schon gelesen hat und was sie nun stutzen läßt: »Ich habe es ganz verlernt, Dich fern von mir auch nur zu denken«, hat er da vorgegeben, und es scheint, als sei es ein verlogener

Brief, den er ihr da schreibt, »und für meine neue Lage habe ich noch kein neues Gefühl.« Und nun kommt der Kern des Briefes, wenn auch umständlich zögernd. »Ich wünschte zu wissen, wie Dir zumute ist, ob es Dir denkbar vorkommt, diese Entfernung verlängert zu sehen, ob Du für ein Leben fern von uns Sinn haben könntest.«

Hat Schiller seiner Frau nachgegeben und denkt nun selbst daran, das Leben zu dritt, bevor es richtig begonnen hat, zu beenden und Caroline aus ihrem Bund in die Ferne wegzuloben?

So schnell aber will Caroline nun doch nicht das Feld, den Liebesgrund, räumen. Womöglich auch ermuntert durch ihre Freundin Karoline will sie Schiller noch einmal ihre Wärme, ihre Sinnlichkeit, ihren Esprit spüren lassen und kehrt nach Jena zurück. Am 28. März trifft sie dort ein, entsteigt der Kutsche und findet ein glückliches Paar vor und eine Schwester, die noch fester entschlossen zu sein scheint als zuvor, den Mann an ihrer Seite zu binden und ihn nicht mit ihr zu teilen.

»Alles was ich in Schiller liebe, macht mich so reich, so weit umfassend, und ich kann herzlicher lieben deucht mir nun«, schreibt die bisher eher kühle Frau an Fritz von Stein, den Sohn ihre Patentante. Schiller seinerseits verkündet Wilhelm von Wolzogen: »Du wirst mich glücklich finden, teurer Freund, wenn Du kommst. Meine Lotte wird mir mit jedem Tag teurer, ich kann sagen, daß ich erst jetzt mein Leben lieb habe, seitdem das häusliche Glück es mir verschönert.«

Was tun gegen das traute Heim? Ein Heim, das Caroline seit dem Tod des Vaters und dann in der Ehe mit von Beulwitz nicht mehr gekannt hat. Sie kann es nicht schaffen, will es auch nicht, aber die Schwester.

»Auch wüßte ich nicht«, fährt Schiller im Brief an Wolzogen fort, »wie ich ohne diesen Genuß meines Herzens die Last der Geschäfte ertrüge, die mich oft fast zu Boden drückt.« Lotte nimmt ihrem Dichter die Sorgen des Alltags ab. Das kann sie, das will sie, das tut sie und sieht es als die Aufgabe ihres künftigen Lebens an. Sie ist nicht die Muse, die den Dichter beflügelt, sie ist die profane Frau, die dem Künstler den Rücken freihält vor den Bedrängungen des Alltags, damit dieser frei schaffen kann. Das verspricht Caroline nicht. Sie wäre eher die Muse, die beunruhigt, die anregt, die anstachelt. Braucht Schiller überhaupt eine Muse, dichtet er doch selten aus der Begegnung mit einem Menschen und den Erlebnissen mit ihm heraus, wie es etwa Goethe tut, sondern aus der Idee? Schiller ist befangen in einer idealen Vorstellung von Welt und Leben. Einen Gesprächspartner braucht er, der als Katalysator seine Ideen hervorlockt, wie es Wilhelm von Humboldt sein wird und später Goethe. Eine Frau ist dazu für Schiller kaum geeignet, so gern Caroline auch für ihn der Katalysator seiner Ideen gewesen wäre, es aber nur in Ausnahmefällen sein darf.

In den sieben Tagen, die Caroline wieder bei den Schillers in Jena weilte, stellte sie fest, daß alles entschieden war. Die Würfel waren gefallen in diesem Lebensspiel. Sie würde verzichten müssen.

Doch noch trennte man sich nicht, sondern fuhr zu dritt in die Osterferien nach Rudolstadt.

*

Nun lebte man zu dritt zwar in demselben Haus, nur so hatte sich das Caroline natürlich nicht vorgestellt. Sie war allein in ihren Ehegemächern, denn ihr Mann war noch auf Reisen, Schiller mit seiner Frau in dem Teil, der der Familie Lengefeld vorbehalten war. Den Tag verbrachte man zu dritt, denn die Chère Mère weilte im Schloß, abends kam sie hinzu. Nachts lag Caroline allein.

Hier hatte alles so verheißungsvoll begonnen, aber die Verheißung war für Caroline zu einem Fiasko geworden, während sie für Charlotte zum großen Glück geführt hatte. Und Schiller? Wieder war er zwischen den beiden Frauen, und doch war alles anders als in jenem Sommer von Rudolstadt. Charlotte wachte über ihn, auch darüber, daß es nicht wieder zu einer Nähe zwischen ihrem Ehemann und der Schwester kam und konnte sie dennoch nicht verhindern, denn Schiller war weiterhin für die

Sinnlichkeit Carolines empfänglich, doch eine Scheu, die aus der Anwesenheit seiner Frau herrührte, bewahrte ihn davor, Caroline nachzugeben. Oder? Vielfach wurde darüber spekuliert, ob nicht Schiller in den Wochen und Monaten nach der Ehe bei welcher Gelegenheit auch immer, denn Gelegenheit macht Liebe, der Sinnlichkeit Carolines doch erlegen war. So mutmaßten die Humboldts. Und der Bruder Wilhelms, Alexander, rätselte später in einem Briefwechsel mit Karl August Varnhagen von Ense nur noch über den genauen Zeitpunkt »qu'elle a couché avec Schiller«, wann sie mit ihm geschlafen habe.

Wie auch immer, als Caroline nach vielen Jahren ein Lebensfazit ziehen wird, schreibt sie: »Ich hätte eins der glücklichsten Wesen sein können, und wurde sehr unglücklich.« Dieses Unglück stand Caroline nun täglich vor Augen, sah sie doch, wie Schiller sich immer weiter von ihr entfernen ließ. Und bald würde ihr Mann nach Rudolstadt zurückkehren. Was sollte dann werden?

Die Osterferien gingen zu Ende, Schiller mußte nach Jena zurückkehren, um seine Vorlesungen zu halten. Trotz allem wollte Caroline mit ihm und ihrer Schwester weiterhin Haus an Haus dort leben. Doch die Mutter verbot es, hielt Caroline zurück, denn sie wachte auch über deren Ehe mit von Beulwitz, sah sie doch in dieser die einzige Versicherung für die Zukunft ihrer so freisinnigen und in ihren Augen widerspenstigen Tochter. Der Frühling von Rudolstadt kündigte für Caroline schon den Lebensherbst an, dabei war sie doch erst siebenundzwanzig Jahre alt. Die Ehe zu dritt hatte die verflixte siebte Woche gerade einmal um wenige Tage überstanden, da fand sie ein Ende. Caroline blieb in Rudolstadt, als am 25. April der geliebte Dichter mit der von ihr nur noch wenig geliebten Schwester Charlotte die Kutsche bestieg und verschwand. Doch aus ihrem Leben wird Schiller nie völlig verschwinden.

Trennung auf Zeit

Du bist mein wo immer Du auch bist«, schickte Schiller Caroline einen vermeintlichen Liebesgruß in ihre Einsamkeit nach Rudolstadt, in der sie nun schon eine gute Woche lebte. Aber dieser Brief des Geliebten war zugleich eine Absage an seine Liebe zu ihr, denn er begann: »wir leben hier gar freundliche Tage«, und dieses »wir« schloß sie aus. »Wie freut es mich, daß auch Du Dir in Deiner jetzigen Existenz gefällst.«

Caroline versuchte, da sie nun entbehrlich geworden war, sich in ihren Verzicht auf Schiller einzuüben und hatte ihm mitgeteilt, daß es ihr in Rudolstadt gutginge, spielte ihm eine Heiterkeit vor, die es gar nicht gab. Damit kam sie Schiller entgegen, der nicht den Mut besaß, ein klares Wort der Trennung und seiner endgültigen alleinigen Hinwendung zu Charlotte auszusprechen.

Versuchte sie durch ihren Verzicht auch, das Glück Schillers und Lottes zu garantieren? Sie begann, gegen sich selbst zu leben. Wilhelm von Humboldt hatte sie ihr Leid offenbart: »Kein alter Ton erklingt unter uns, ich verhüte es, und er sucht es nicht . . . Die himmlische Freiheit ist entflohn.« Humboldt suchte zu trösten und wieder etwas Freude in ihre »verödete Seele« zu geben: »Du machst glückliche Menschen« und meinte damit ihre Schwester Lotte und Schiller, aber auch sich selbst mit ihrer Freundin Karoline, »und Du genießest so wenig . . . Du bist ein so wunderbar glückliches und wieder unglückliches Wesen.«

Zwei glückliche Paare sah Caroline um sich herum, die selbst so unglücklich an einen verhaßten Mann gebunden war. Ein Bild für ihr Drama. So suchte sie in der Freiheit, die ihr von Beulwitz gab, zwangsläufig geben mußte, da er sie nicht innerlich binden konnte, Ersatz für den Verlust, den sie an Schiller erlitten hatte. Ende des Jahres wird sie sich nach Erfurt begeben, in die Nähe von Karoline von Dacheröden, in der auch ein Mann lebt, den sie beide den »Goldschatz« nennen, zum einen, weil er einflußreich ist und über Geld verfügt, zum anderen aber auch, weil beide junge Frauen ihn schätzen und weil er sie umwirbt, ein Homme à femmes, Karl Theodor von Dalberg. Er ist Statthalter des Kurfürsten und Bischofs von Mainz in Erfurt, ein Mann von Welt, der die Künste liebt und eben auch die Frauen, ein Lebemann, den Schiller für einen »überaus interessanten Menschen für den Umgang« hält, »mit dem man einen herrlichen Ideenwechsel hat«. Von Dalberg führt ihn, der sich ja nur noch als Historiker versteht, auch wieder auf die Spur des Dichters, gibt ihm die Idee zu einem Wallenstein-Drama, das sieben Jahre später entstehen sollte. Er ist für Schiller gar noch mehr: »Ich habe wenige Menschen gefunden, mit denen ich überhaupt so gerne leben möchte als mit ihm.« Der Meinung war Caroline von Beulwitz nun auch, und sie suchte ihn als Ersatz für den Menschen aus, mit dem sie ja nicht leben darf, für Schiller. Kaum noch wich sie von seiner Seite, und man munkelte, daß sie eine kurzzeitige Liaison mit ihm lebte. »Doch wollte er sich selbst überreden, keiner Liebe zu bedürfen«, wird sie von Dalberg viel später in einer Erzählung portraitieren, und in ihrem Roman ›Cordelia‹: »Bei ihm ging alles auf das Leben, auf die Zeit, den Augenblick ... Mit voller Hingabe zu lieben vermochte er nicht«, war er doch ein libertiner Geist, wie man ihn in Deutschland damals kaum fand. Das aber begeisterte sie, wie auch ihre Freundin Karoline, die indes binnen kurzem Wilhelm von Humboldt heiraten würde. Zugleich aber bedauerte Caroline auch von Dalbergs Freigeisterei, versprach er doch kein weiteres Leben, sondern nur eine Liebe im Augenblick, die sie jedoch genoß wie später mit einigen anderen Männern, die sie als Ersatz für den einen, den sie liebte, suchen und finden sollte. Und der »Goldschatz« knüpfte, wenn auch eher unfreiwillig, ein neues Band zu diesem einen, zu Schiller.

In das neue Jahr 1791 feiert von Dalberg zusammen mit Caroline, dem Ehepaar Schiller und Karoline von Dacheröden hinein, zwei Tage später sehen die fünf ein Schauspiel über Männerbund und Weibertreue, und wiederum einen Tag darauf nimmt er Schiller in die »Kurfürstliche Akademie nützlicher Wissenschaften« auf. Zugleich begeht man von Dalbergs Geburtstag mit einem Konzert der Pianistin Sophie Häßler. Plötzlich überfällt ein heftiges Fieber Schiller. Er wird in einer Sänfte aus dem Redoutensaal getragen, muß einige Tage das Bett hüten. Lotte und Caroline pflegen ihn, von Dalberg besucht ihn. Schillers Krankheit zum Tode, die ihm in den restlichen vierzehn Lebensjahren zur immerwährenden Plage werden wird, nimmt hier ihren Anfang. Diese Kränklichkeit wird ihn noch weiter an Charlotte binden, aber auch Caroline immer wieder einmal näherbringen.

Ende Januar wiederholten sich die schweren Krankheitsanfälle, so daß Charlotte ihre Schwester um Hilfe und nach Jena bat. Als Schiller im Mai zur Genesung in Rudolstadt weilte, kam es zu einer so heftigen Krise, daß er glaubte, sein Ende sei gekommen, zu ersticken meinte, in zeitweilige Ohnmacht fiel. Ehefrau und Schwägerin saßen abwechselnd an seinem Bett, und Caroline, nicht Charlotte, mußte ihm aus Kants ›Kritik der Urteilskraft‹ vorlesen, was der zur Idee der Unsterblichkeit geschrieben hatte. »Weil wir in diesem Leben völlige Heiligkeit nicht erlangen können, muß ein Prozeß ins Unendliche, also ein ewiges Leben der Seele angenommen werden.« Das sollte und konnte trösten, beide, Schiller und Caroline. Doch vorerst genas der Dichter, sollte aber von nun an unter dem Diktat der Krankheit leben. Während eine Zeitung den Tod Schillers meldete, machte sich der mit den Schwestern und in Begleitung eines Arztes zu einem Kuraufenthalt ins böhmische Karlsbad auf. Hier war man wieder zu dritt beisammen, wohnte unter einem Dach im »Weißen Schwan«, trank Sprudel, traf auf Herder, den Verleger Göschen, verkehrte mit einigen Grafen und Gräfinnen, die alle den Juli in dieser Sommerhauptstadt Europas verbrachten. Doch man brach den Kuraufenthalt frühzeitig ab, da Caroline zu ihrem Mann zurück mußte, am Hof von Rudolstadt gesellschaftliche Pflichten zu erfüllen hatte. Von Beulwitz hatte auch den Kuraufenthalt Schillers mit seiner Frau und deren Schwester finanziert. Der arme Schiller hätte sich die Kur nicht leisten können. So konnte er aber an Wieland schreiben: »Seit dem Gebrauch des Karlsbades habe ich mich um vieles gebessert, mein Herz öffnet sich wieder den Empfindungen des Lebens und der Freude.«

Die nächsten Monate verbrachte er aber ohne Caroline und die andere Karoline, die mit Humboldt auf Reisen gegangen war, mit Lotte in Erfurt zur Nachkur. »Die Beklemmungen, ob sie gleich keinen Tag ausbleiben, sind minder heftig«, stellte er fest, bevor er mit der Ehefrau nach Jena zurückkehrte. Caroline, die ihn an der Seite ihres Mannes für einen Tag in Erfurt besucht hatte, schrieb hingegen in einem Brief an ihre Freundin Karoline: »Wahre, wahre Kinder sind die Genies und Schiller vor allem, immer nach dem Entferntesten greift er als nach goldenen Äpfeln. Wenn er nicht in Jena ist, träumt er sich's schön, und wenn er da ist, vergeht er vor langer Weile.« Und sie imaginierte sich selbst als einen der goldenen Äpfel, gab ihrer Schwester die Schuld an seiner Misere: »Ich fühle ihn einsam, denn so innig gut Lotte ist, so ist's doch ein toter Umgang.« Das wäre sie nicht für ihn gewesen. Traurig um ihn und um sich selbst vertraute sie Karoline resigniert an: »Torheit ist's, das Vergangene nicht vergangen sein zu lassen, aber ich fürchte, der Samen alles Unheils für Schiller liegt doch darin, und die Welt der Empfindung ist ihm für immer verstummt.«

Zeitgleich fast konstatierte Schiller gegenüber Freund Körner: »Meine Krankheit hat dadurch, daß sie mich ganz außer Tätigkeit setzte, uns so aneinander gewöhnt, daß ich sie nicht gern alleine lasse«, meinte aber mehr, daß Charlotte ihn nicht allein mit seiner Krankheit lassen sollte. »Ihr liebes Leben und Weben um mich herum ... gibt mir selbst eine Ruhe und Harmonie, die bei meinem hypochondrischen Übel ohne diesen Umstand fast unmöglich wäre.«

Schiller weiß, seine Krankheit ist eine des Körpers und der Seele, die immer wieder hat entbehren müssen. So genoß er das

»Weben« seiner Frau, das seinem Gemüt Ruhe verschaffte, die ihm wiederum erlauben sollte, sich ganz dem Werk zu widmen, das er schaffen wollte. Durch diese Ruhe begünstigt, dachte er auch wieder daran, sich neben der Historie der Dichtung zuzuwenden. Die Behaglichkeit des häuslichen Lebens, das er nicht aufhörte zu loben, beendete aber auch Schillers Jugend. »Wir leben in einem engen Zirkel zusammen«, teilte Schiller seiner Schwester Christophine mit, »und halten soviel möglich die Schwelle von den übrigen Menschen rein. Ein Glück für mich und meine Frau, daß wir nicht nötig haben, unsere Glückseligkeit irgendwo anders zu suchen als in unserem eigenen Haus.« Das Glück im stillen Winkel sollte ungetrübt sein. Nur die immer häufigeren Anfälle der Krankheit störten es, aber Schiller gewöhnte sich daran, im Rhythmus der Krankheit zu leben und zu schreiben.

Lotte verschenkte den Rest ihrer Jugend an einen kranken Mann, indem sie ihn ebenso hingebungsvoll wie selbstlos pflegte und umsorgte, und sah gerade das als ihre Aufgabe an, wollte sie doch damit dem Dichter in ihrem Mann eine verläßliche Stütze sein. Doch dieses »Weben« um ihn würde sie eines Tages auch in Krisen stürzen.

Kaum hatte Schiller sie geheiratet, war seine Krankheit, die ja schon lange in ihm nistete, nach nicht einmal einem Jahr mit aller Macht ausgebrochen, so als habe die »Köpermaschine«, wie Schiller das Innere des Menschen nannte, gewartet, bis sie sich in gute Pflege begeben konnte. Nach nicht einmal zwei Jahren der Ehe schrieb Lotte an ihren Vetter Wilhelm von Wolzogen: »Wir leben immer still fort und wenn Schiller wohl ist, bin ich es auch, doch ist es seine Gesundheit und daher auch die Stimmung gar nicht gut und ich bin gar ernst und trübsinnig ... Die Ungewissheit und das öftere Sehen des Übels hat freilich keinen guten Einfluß auch auf mich.«

Oft kam ihre Schwester Caroline nach Jena, um sie bei der Krankenpflege zu unterstützen und Schiller zu erheitern, was ihr eher gelang als der Schwester. Doch dann sah sie jedesmal auch, wie verwoben in die Ehe er durch das Weben Charlottes war, und sie sah, wie verzichtbar sie im Grunde war, sie, die sich selbst für unverzichtbar für Schillers Genie glaubte.

Ende 1791 hatten sich Schillers äußere Lebensumstände entscheidend geändert. »Ich bin auf lange, vielleicht auf immer, alle Sorgen los«, meldete er Körner, meinte aber nur die finanziellen, die das Leben der Schillers bis dahin einengten. Aufgrund der Berichte über seine Krankheit hatten sich zwei dänische adlige Mäzene gefunden, die dem Dichter, damit er sich ganz auf die Dichtung konzentrieren könne, das tägliche Leben auf drei Jahre alimentierten.

Das freute auch die sparsame Hausfrau Charlotte Schiller. »Wirf alle Buchhändlerarbeit beiseite, die Dir nicht Genuß geben. Lebe für Dich und die Zukunft«, riet Körner, aber genießen konnte Schiller seit seiner Jugend kaum.

Auch die beiden folgenden Jahre waren mit historischen Studien, der Niederschrift der ›Geschichte des dreißigjährigen Kriegs‹ und dem Plan zu ästhetischen Schriften besetzt, so daß Schiller eingestehen mußte: »Zur Dichtung fehlt mir mehr die Zeit als die Begeisterung.« Unzufriedenheit mit seinen Lebensumständen nistete sich ein, zu denen sich »die ganze Litanei der fatalen Zufälle« gesellte, womit die Krankheitsanfälle gemeint waren. »Mein Übel hat alle Lust am Denken und am Schreiben verdorben.« Alles dränge nach einer Veränderung, so vertraute er Körner an: »So weiß ich oft kaum aus noch ein.« Die üble Laune, die bei Schiller immer mit der Unzufriedenheit einherging, hatte Charlotte tagtäglich auszuhalten. Und das zu einer Zeit, da sie ein Kind von ihm erwartete.

Wie jedesmal, wenn Schiller in seinem Inneren einen Drang nach Veränderung verspürte, setzte er auf eine äußere Veränderung, und so entstand der Plan, im Sommer in seine alte Heimat, nach Schwaben, zu reisen, um zu prüfen, ob dort vielleicht ein neues Leben möglich wäre.

In Schwaben hielt sich schon seit Anfang Juni Schwägerin Caroline von Beulwitz auf. Sie hatte die Gegenwart ihres Mannes nicht mehr ausgehalten und das trostlose Leben in Rudolstadt auch nicht mehr. Alle Freunde, von Dalberg und die Humboldts, hatten Erfurt verlassen, so daß ihr die dortige Zuflucht in trüben Tagen auch nicht mehr offen stand. Unter dem Vorwand, eine Kur für ihr Nervenleiden zu benötigen, hatte sie sich in Bad Cannstatt bei Stuttgart niedergelassen, wohnte bei einer Freundin, einer Frau von Seckendorf, und hatte als »Anstandsdame« ihre Schwägerin Ulrike von Beulwitz mitgenommen. Auf einen Abschiedsbesuch bei Schillers hatte sie verzichtet: »Mir ist so wund und weh und krank, daß ich lieber Euch jetzt nicht mehr sehen will . . . Der Kopf ist mir ganz wirr.« Auch sie wußte wie Schiller nicht mehr ein noch aus. Die Reise war eine Flucht, und im Brief an ihre Schwester deutete sie die Möglichkeit an, daß sie im Schwabenland bleiben und dort ein neues Leben beginnen wolle.

Schwäbische Luft

Der Schwabe, den ich ganz abgelegt zu haben glaubte, regt sich mächtig«, hatte Schiller Körner mitgeteilt, »und Thüringen ist nicht das Land, worin man Schwaben vergessen kann.« Die Sehnsucht, das Land seiner Kindheit und Jugend, das er als Deserteur verlassen hatte, wiederzusehen, war übergroß geworden. Auch wünschte er, daß das Kind, das Charlotte erwartete, dort geboren werde, und er hoffte für sich, daß die milde »vaterländische Luft« seinem Körper und seinem Gemüt Erholung und eine zweite Jugend verschaffe.

So bestieg der dreiunddreißigjährige Schiller mit der hochschwangeren Charlotte am 1. August 1793 die Kutsche und gelangte über Nürnberg, Ansbach und Feuchtwangen nach Heilbronn. Hier an der Grenze zu Württemberg mußte er haltmachen und warten. Er hatte Herzog Carl Eugen mehrfach um Erlaubnis gebeten, das Schwabenland betreten zu dürfen, doch der hatte seinem Deserteur nicht geantwortet. Der Dichter langweilte sich in Heilbronn, fand wenig literarische Nahrung in der »schwach vegetierenden Buchhandlung«, tröstete sich darüber hinweg mit dem guten und preisgünstigen Neckarwein. »So trinke ich für dasselbe Geld noch einmal so viel als in Thüringen« rapportierte er Körner.

Als Schiller erfuhr, daß Herzog Carl Eugen ihm zwar keine Erlaubnis gebe, sein Land zu betreten, ihn aber ignorieren werde, siedelte er nach Ludwigsburg über, in die Stadt seiner frühen Jugend, die er »überaus schön und lachend« vorfand, die aber den Glanz früherer Jahre, als sie noch Residenz des Herzogs war, verloren hatte.

Der Kinder- und Jugendfreund Friedrich Wilhelm von Hoven,

jetzt Arzt, stand Charlotte bei, als sie am 14. September einen Sohn gebar. Der Vater indes hatte die Geburt verschlafen.

Die Schillers waren jetzt eine richtige Familie. »Nicht sechs Tage waren wir hier angelangt, da gings richtig los ... Ein kleiner Sohn ist da«, schrieb Schiller an Körner, und selbst seiner ehemaligen Geliebten Charlotte von Kalb meldete er, die Niederkunft seiner Frau mit einem munteren Sohn habe seiner »Freude die Krone aufgesetzt«.

Zu dem Dreierbund von Vater, Mutter, Kind gesellte sich überraschenderweise auch Caroline, die aus dem nahen Bad Cannstatt herübergekommen war und einige Zeit bei der jungen Familie blieb. Aber eine völlig andere Liaison à trois war mit der Existenz des Schillersohnes geboren. Diese schloß sie nun endgültig aus. Bald darauf zog sich Caroline zurück und führte von nun an für einige Jahre ein von Schiller völlig getrenntes eigenes Leben.

Der junge Vater freute sich nicht nur über diesen neuen Dreierbund mit Sohn und Frau, er genoß auch das Wiedersehen mit seinen alten Freunden, vor allem als man von Ludwigsburg nach Stuttgart weitergezogen war. An der Stätte seines wüsten Jugendlebens spielte er mit seinen ebenfalls nicht mehr ganz jungen Freunden die Bohèmezeit von damals nach. Man klopfte Karten, feierte bis tief in die Nacht hinein in der »Geistlichen Herberge« und trank nicht wenig, Schiller einmal gar so viel, bis er »so ausgelassen lustig wurde, daß er sich auf den Tisch legte und sich darauf herumwälzte«, wie Freund von Hoven kolportieren sollte.

Die Reise nach Schwaben wurde für Schiller zu einem zeitweiligen Jungbrunnen. Als er die Carlsschule besuchte, die ihm, obgleich Gefängnis der Jugend, auch eine außerordentliche Bildung ermöglicht hatte, wurde er als ihr nun berühmter Absolvent so begeistert gefeiert, daß er zutiefst gerührt war. Das war Balsam für die Seele. Und doch: Schiller wäre nicht Schiller, wenn nicht alle Freude und aller Genuß ihn schließlich doch wieder in Verdruß geworfen hätten.

Gegenüber Körner klagte er erneut, nannte den »Zweifel an

Charlotte Schiller, 1794   Friedrich Schiller, 1793

seinem eigenen Genius« das Hauptübel, das sich mit seinen kör-
perlichen Übeln verbunden habe, so daß er »Feder und Schreibtisch hasse«, obwohl er so viele Entwürfe im Kopf habe. Schiller
konnte nicht dauerhaft glücklich sein, das spürte er auch in der
alten Heimat, und gelangte zu der resignativen Einsicht: »Ich
könnte mich nie mit mir selbst versöhnen.«

Erst als der Frühling des Jahres 1794 sich zeigte, verbesserte
sich seine Laune, und er fand auch seine Schaffenskraft wieder,
begann einige ästhetische Schriften, beendete diejenige über
›Anmut und Würde‹ und skizzierte eine weitere über die ästhetische Erziehung des Menschen.

Zugleich war ihm aber auch klar vor Augen getreten, daß das
Land seiner Geburt ihm keine dauerhafte neue Heimat werden
könne. »Es ist hier in Schwaben nicht soviel Stoff und Gehalt als
Du Dir einbildest«, berichtete er Körner und beklagte die »Dürre«
um sich herum.

Bevor er aber das Schwabenland verließ, ließ er sich und seine
Frau noch portraitieren. Das nämlich sollte der bürgerlichen
Existenz, die Familie Schiller nun lebte, den gehörigen Rahmen

geben. Während der ehemalige Carlsschüler Johann Heinrich Dannecker, inzwischen Hofbildhauer, den Dichter als einen Heroen in Stein meißelte, »das Haupt erhoben, das Antlitz voll Begeisterung und lichter Hoffnung«, idealisierte die Malerin Ludovica Simanowiz ihn nicht. Er schaut aus ihrem Bild heraus als ein ernster, nachdenklicher, um sein kurzes Leben wissender melancholischer Mensch, Ehefrau Charlotte traurig, in sich gekehrt, ein wenig leidend.

So für alle Zeiten im Bild festgehalten, verabschiedete sich Schiller nicht nur von der schwäbischen Luft, sondern auf Schloß Solitude auch von den Eltern und seinen beiden Schwestern, und kehrte mit seinem »Goldsohn« und seiner Frau Charlotte nach Jena zurück. Dort begann für den Dichter ein neues Leben. Einen »Wendepunkt« wird Wilhelm von Humboldt diesen Augenblick nennen. Schwägerin Caroline blieb indes in Schwaben. Doch auch für sie begann ein neues Leben, ein turbulentes.

*

»Sie hat ein ewig irres Sehnen, was sie mit sich rumträgt«, teilte Karoline ihrem Mann Wilhelm von Humboldt kopfschüttelnd mit und meinte ihre Freundin Caroline von Beulwitz. Diese Sehnsucht trieb sie seit dem Dezembertag 1787, jenes ersten Blickes in die Augen Schillers, über lange Zeit ausschließlich in dessen Arme. Nachdem er sich ihr aber entzogen hatte, hatte sie als Ersatz Carl Theodor von Dalberg für ihr »irres Sehnen« gefunden. »Ich kannte seine Seele... zauberisch fesselte diese Herz«, sollte sie in ihren Erinnerungen über den »Goldschatz« schreiben, der sich dann auch bald entzogen hatte. »Reisen, herrschen, lieben, alles soll man auf einmal«, konstatierte Wilhelm von Humboldt zu Carolines Liebessehnsucht, der kaum ein Mann gewachsen war.

Als sie zur Kur in Bad Cannstatt weilte, traf sie im nahen Stuttgart einen jungen Mann wieder, den sie an Schillers Krankenbett kennengelernt hatte. Schon das verband. Kein Wunder also, daß sie in Gustav Behaghel von Adlerskron einen zeitweiligen Ersatz für ihren Dichter fand. Von Adlerskron, ein baltischer Offizier aus Dorpat, hatte in Jena studiert und zu der Familie Schiller so engen Zugang gefunden, daß man ihn scherzhaft »Trabant« nannte. Als der Dichter schwer krank war, wechselten sich Caroline und er mit Charlotte in der Krankenwache ab, wozu noch Georg Friedrich von Hardenberg kam, der sich als Dichter Novalis nennen wird und der sein Schwärmen für den Dichter während dessen Krankheit noch vertiefte, der gar seine Geliebte für einen gesunden Schiller sich aus dem Herzen gerissen hätte, wie er emphatisch meinte.

Von Adlerskron war 1791 nach Stuttgart weitergezogen, und wenige Tage nach der Geburt des Sohnes Friedrich Schillers, die Caroline aus dem Bund mit ihm und ihrer Schwester endgültig ausgeschlossen hatte, traf sie ihn wieder. Eine heftige Liebesaffaire entzündete sich sogleich zwischen der verheirateten Frau von Beulwitz und dem vier Jahre jüngeren baltischen Offizier. »Wie wunderbar traf alles zusammen und welcher Zufall schenkte mir noch das Glück an Deinem Herzen«, schrieb Caroline über diesen Augenblick in ihrer nicht vollendeten Novelle ›Gustav oder die Verwandtschaft der Kunst und der schönen Liebe‹, wollte sie doch von nun an ihr Leben und Lieben immer auch zu Literatur machen. »Abergläubisch nahm ich das Pfand des Glückes an und hoffte auf eine schöne Zukunft.« Doch auch dieser Mann gab keine Zukunft, kehrte im Herbst des Jahres 1793 ins Baltikum zurück, schrieb in seinem Abschiedsbrief an Caroline: »Und hat die Gottheit ein künftiges Wiedersehen für Herzen, die einander gehören, bestimmt, so hoffe ich, Dich doch wieder zu haben, Dir zu zeigen, meine Liebe war innig.«

Kaum war der eine Mann verschwunden, tauchte ein anderer wieder auf, und zwar derjenige, der ihr einst Schiller ins Haus und in ihr Herz geführt hatte. Wilhelm von Wolzogen. Der Vetter war im Oktober 1793 aus Paris zurückgekehrt. Dort hatte er in der württembergischen Gesandtschaft gewohnt und sollte auf den Straßen und in den Salons aushorchen, wie sich die nachrevolutionären Ereignisse auf Württemberg, das mit Mömpelgard auch eine elsässische Enklave besaß, auswirken würden. Eine nicht ganz ungefährliche Aufgabe im Paris jener Zeit, wo Köpfe schnell rollten. Zudem hatte von Wolzogen Zeit und Gelegenheit gefunden, für Herzog Carl Eugen Kunstschätze zu akquirieren.

Vetter Wilhelm kehrte in jenen Wochen und Monaten nach Stuttgart zurück, in denen Caroline klargeworden war, daß sie auf keinen Fall nach Rudolstadt an die Seite ihres Mannes zurück wollte und konnte. Sie mußte ihre Scheidung von Beulwitz betreiben. Nur wer sollte an seine Stelle treten, denn ohne Ehemann wollte sie nicht sein? Wilhelm von Wolzogen war ihr, seit er sich vor über zehn Jahren in seine Cousine verliebt hatte, bedingungslos ergeben. Zwar schrieb Caroline an Schwester Lotte hinsichtlich ihres künftigen Lebens: »Mir kann niemand helfen als ich selbst«, doch sie brauchte ihn nun, um die nicht einfache Scheidung durchzuführen. Und schließlich war er der geeignete Ersatz für Schiller, weil er ihn ihr zugeführt hatte. So würde sie sich immer an diesen erinnern können.

Nachdem auch Schiller zur Scheidung geraten hatte, nicht Caroline, sondern ihrem Ehemann, erging im Juli 1794 der Bescheid, die Ehe sei aufzuheben. Man erlaubte beiden, eine neue einzugehen. Begründet wurde die Scheidung mit ihren »den Zweck der Ehe behindernden kränklichen Leibesumstände«, die durch keinerlei »Arznei- und andere diensame Mittel« zu beheben sei.

Die »Chère Mère« hatte ebenso wie die Schwester gegen die Scheidung Stellung bezogen. Charlotte mißbilligte schon seit langem Carolines freisinnigen Lebenswandel, zumal sie und Mutter Lengefeld eine weitere Bindung an von Beulwitz schon aus sehr eigensinnigen Motiven bewahrt sehen wollten, hatte der doch die Familie und auch Schiller immer sehr großzügig unterstützt.

Kaum war die Scheidung ausgesprochen, heiratete Caroline ihren Vetter Wilhelm von Wolzogen im September 1794 auf dessen Familiengut in Bauerbach, wo Schiller einst Zuflucht gefunden hatte. Caroline liebte den Vetter wohl kaum, aber er war in einer aussichtslosen Situation ihr einzig möglicher Retter. »Du kannst viel mehr wirken, weil Du die Menschen behandeln kannst, und das ist am Ende die ganze Kunst des Lebens, die Menschen zu dem brauchen zu können, zu dem sie gut sind«, schrieb sie ihm nach seiner Rückkehr aus Paris. Und sie brauchte einen Menschen, der sie gut behandelte. Den brauchte sie jedoch nicht zu lieben, sondern nur zu schätzen.

Bevor es zu der Hochzeit in Bauerbach gekommen war, lag eine lange Odyssee des »illegalen« Paars hinter ihm. Wilhelm von Wolzogen, der die erhoffte Stellung am württembergischen Hof auch wegen des Todes des Herzogs Carl Eugen, »des alten Herodes«, so Schiller, nicht erlangt hatte, war möglicherweise in erneuter diplomatischer Mission in der Schweiz unterwegs, und Caroline war, ohne ihre Ehe zu bedenken, einfach mitgefahren. Zuvor hatte er sich schon dort nach einem erfahrenen »Accoucheur«, einem Geburtshelfer, erkundigt und nach der Möglichkeit, in Chur unerkannt zu leben. Caroline von Beulwitz war nämlich schwanger. Von wem? Von Adlerskron? Von Wolzogen? Die Frage wird unbeantwortet bleiben. Auf jeden Fall gebar sie in Stein am Rhein einen Sohn, der auf den Namen Adolf getauft wurde. Nach der Hochzeit in Bauerbach zog das Paar erneut durch die Schweiz, ließ sich in der grenznahen Kleinstadt nieder.

Mutter Lengefeld war über ihre Tochter entsetzt: »Mir schaudert, wenn ich manchmal über sie nachdenke.« Auch ihr neuer Schwiegersohn war ihr suspekt: »Wolzogen gefällt mir nicht ... er denkt, daß er an allen Orten und sogleich etwas für sich ausrichten kann, und es wird doch nie nichts daraus. Gott gebe, daß Carolinen ihr Schritt nie gereuen möge.« Vor allem aber hoffte sie, daß das Paar in Süddeutschland bleibe und nicht in ihre Nähe komme, um den Ruf der Familie nicht noch weiter zu schädigen.

Auch Schiller war entsetzt, schrieb an seine Eltern: »Ich wollte von dieser Sache nichts schreiben, teils weil ich immer noch gehofft hatte, diese Sache rückgängig zu machen, teils weil sie mir in vielem Betracht fatal ist ... Diese zwei Leute schicken sich gar

Caroline von Wolzogen, um 1800

nicht zusammen und können einander nicht glücklich machen.« Die Scheidung hatte er noch akzeptiert, aber daß Caroline, und zwar so schnell, einen anderen zum Mann genommen hatte, bestürzte ihn, sicher auch in einem Anflug von Eifersucht. »Diese Geschichte hat meine Schwägerin und mich ziemlich gegen einander erkaltet.«

Schon auf dem Weg zur Hochzeit nach Bauerbach hatte das neue Paar einen Umweg über Jena gemacht. Aber man hatte sich nicht gesehen.

Auch von Beulwitz heiratete bald wieder, eine gelehrte Frau, wie Charlotte Schiller feststellte. Aber es sollte ihm einige Zeit später ein Exemplar der von Schiller herausgegebenen Zeitschrift ›Die Horen‹ in die Hände fallen, in der er die Erzählung ›Agnes von Lilien‹ eines ungenannten Autors las und lobte. Nachdem Mutter Lengefeld ihm die Urheberschaft entdeckte, zeigte er sich äußerst verblüfft. »Ganz weg darüber« sei er gewesen, berichtete sie ihrer anderen Tochter nach Jena. Auch Frau von Stein entdeckte Caroline als Autorin, nachdem sie zuerst vermutet hatte, Charlotte von Kalb hätte das Fragment verfaßt: »Es findet bei der Lesewelt einen außerordentlichen Beifall, ich habe es schon dreimal gelesen.«

Caroline von Beulwitz hatte nämlich während der Kur in Bad Cannstatt angefangen, leidenschaftlich zu schreiben. Sie nutzte nicht nur die Muße, ihr Leben in Literatur zu bringen, sondern auch die Entfernung von Schiller verführte sie dazu, seinem Dichten etwas entgegenzusetzen. Zwar hatte sie den Roman wegen der Monate der Wanderschaft und der Geburt des Sohnes noch nicht vollenden können, aber es wurde der Grundstein dafür gelegt, daß sie bald zu einer populären Schriftstellerin ihrer Zeit werden sollte.

Wo aber sollte und wollte Caroline, die jetzt den Namen von Wolzogen trug, nach der Heirat und der Geburt ihres Sohns leben? Sie suchte einen Platz, und der konnte nicht in der Schweiz, nicht in Württemberg und nicht im abgelegenen Bauerbach, der konnte nur in der Nähe Schillers sein. So suchten sie und ihr Mann eine Stellung für ihn in Weimar, suchten Schiller auf und Frau von Stein, um die Möglichkeiten auszukundschaften. Schiller, der inzwischen in intensivem persönlichem Kontakt mit Goethe stand, schaltete diesen ein, damit er sich für den neuen Schwager bei Herzog Carl August verwende, obwohl er daran zweifelte, »daß er in Weimar brauchbar sein würde«, schloß aber dennoch: »Da es ihm nicht an Kopf fehlt, er auch gereist ist, so werden Sie ihn nicht leer finden.« Aber da war schon etwas eingefädelt worden, und zwar vom Herzog von Meiningen, der seinem Herzogkollegen von Weimar-Eisenach den weitgereisten Schwaben empfahl, so daß Herzog Carl August Goethe schon mitgeteilt hatte: »Überall wo ich von ihm reden hörte, hatte er in Ansehung seiner Conduite ein sehr gutes Lob, er die Welt gesehen hat und im gesellschaftlichen Umgang angenehm ist, meine Frau äußerst wünscht, jemanden bei Hofe zu haben, der nicht ganz stumm ist, wie die übrigen Hofleute.« Und so ernannte der Herzog Ende Dezember 1796 Wilhelm von Wolzogen zum Kammerrat, indes auf der untersten Stufe der Gehaltsliste. Aber der war nun nach langem Herumirren angekommen, und er wird seinem Herrn in den nächsten Jahren wichtige diplomatische Dienste leisten und zu einer angesehenen Person in Weimar werden. Caroline hatte nun einen Mann in einer Stellung, damit ein Auskommen, besaß eine Familie wie ihre Schwester und die Freundin Karoline von Humboldt, war wie diese Mutter und wohnte gegenüber dem allerdings nach einem Brand noch als Ruine befindlichen Schloß. Vor allem aber war sie von nun an wieder in Schillers Nähe.

Reger Verkehr zwischen Jena und Weimar

Als Friedrich Schiller samt Familie Mitte Mai 1794 aus Schwaben zurück nach Jena gekommen war, bezog man nicht nur eine neue Wohnung Am Markt Nr. 1, es begann ein zweites Leben für ihn, das ihn auch wieder der Dichtung zuführen sollte. Gegenüber Am Markt Nr. 4 hatte die Familie von Humboldt Quartier genommen. Wilhelm von Humboldt wollte in Schillers Nähe sein, Karoline war in der ihrer Freundin Charlotte, die sie allerdings weit weniger schätzte als die Schwester Caroline. Die neuen Nachbarn wurden unzertrennlich. Jeden Tag und jeden Abend besuchte man einander und blieb bis spät in die Nacht, las, trank und disputierte. Wilhelm von Humboldt wurde neben Körner Schillers vertrautester Freund, bis zum Tod.

Schiller war mit neuer Lebensfreude und Energie aus Schwaben zurückgekehrt, meldete Körner: »Ich bin zwar an wirklichen Ausarbeitungen ziemlich unfruchtbar, aber an Projekten desto ergiebiger.« Sein wichtigstes Projekt wurde die Zeitschrift ›Die Horen‹, das er schon in Stuttgart mit dem Verleger Johann Friedrich Cotta erörtert hatte. Schiller wollte sie zu einem »epochemachenden Werk« führen, das jeder, der Geschmack habe, lesen und kaufen solle. Natürlich müßten darin dann auch die großen Geister der Epoche schreiben und er erwähnte neben sich selbst unter anderen Fichte, Kant, Herder, Klopstock und natürlich Goethe. Ihm grollte er immer noch wegen seiner abweisenden Haltung, nun aber war er, Schiller, in der Lage, ihm etwas anzubieten, der, wie er wußte, in Weimar nach der Rückkehr aus Italien ein wenig isoliert war und sich auch in einer Schaffenskrise befand. Er lud ihn ein, sich an den ›Horen‹ zu beteiligen, und Goethe sagte nicht zu und sagte nicht ab. Bald darauf aber trafen sich beide in Jena bei der Tagung der Naturforschenden Gesellschaft, als man eher zufällig gleichzeitig den Tagungsort verließ. Goethe war Schiller bis dahin aus dem Weg gegangen, Schiller hatte vergebens seine Nähe gesucht. Nun liefen die beiden in ein lebhaftes und kontroverses Gespräch über die Erfahrung in der Natur und die Idee von ihr verwickelt durch die Straßen Jenas, zum Markt, und Schiller lud Goethe in sein Haus ein, wo er von Charlotte, die er seit ihrer Kindheit kannte und mochte, begrüßt wurde. Ein Faden war gesponnen und man verabredete sich für den übernächsten Tag. Am folgenden Mittag berichtete Schiller Humboldt und dessen Frau Karoline vom Gespräch mit Goethe, einen Tag später war Goethe mit Schiller Gast bei den Humboldts. Ein Dreierbund zwischen Schiller, Goethe und Humboldt war geboren. Und es kam in der Folgezeit zu einem regen Verkehr zwischen Jena und Weimar, Goethe kam so oft er konnte nach Jena, Schiller fuhr, soweit es seine Krankheit zuließ, nach Weimar, und Humboldt fuhr ihm häufig hinterher. Mit Humboldt verband Schiller eine Freundschaft, die mit Goethe nicht entstand, da eine Distanz zwischen ihnen fortdauerte, maß sich der Jüngere doch weiterhin mit dem Älteren, so daß eine untergründige Konkurrenz immer bestehen blieb. Indes war ihr Zusammentreffen und der darauf folgende intensive Gedankenaustausch ein Glücksfall für die deutsche Literatur, beflügelten sie sich doch gegenseitig und stachelten einander zur Dichtung an, die Schiller für die Historie fast aufgegeben hatte, während Goethe immer wieder in Schaffenskrisen geriet.

Kaum aus Schwaben zurückgekehrt, hatte Schiller Körner angekündigt, mit der »häuslichen Existenz« solle auch seine Arbeit als Schriftsteller wieder in Schwung kommen. Und in der Tat wurde die gesicherte bürgerliche Existenz in Jena, die Ehefrau Charlotte mit unermüdlicher Sorgfalt und Energie sicherte, Garant für eine neue Freiheit zu dichten. Sie war die umsorgende Gastgeberin im Hintergrund, wenn sich im Hause Schiller Humboldt oder Goethe mit ihrem Mann trafen, oder gar alle drei zusammen sich über Literatur, Philosophie, Ästhetik austauschten. Genauso hatte sich Schiller die Frau an seiner Seite vorgestellt, Charlotte war das Ideal der still umsorgenden Frau, die alle ihren eigenen Lebenswünsche stillschweigend und gern bei Seite geschoben hatte, um dem Mann, und hier besonders dem Mann als Künstler, zu dienen. »Wie schön verfließt uns das Leben«, berichtete Charlotte ihrem Schwiegervater nach Solitude. Charlotte war die sparsame Hausfrau, wie sie es vor der Ehe Schiller versprochen hatte, so daß sie jetzt an seine Schwester Christophine schreiben konnte: »Ich richte auch gern mein Hauswesen so ein, daß alles in einem gewissen Maße bleibt … Ich selbst könnte viel entbehren und habe wenig Bedürfnisse. Die hiesigen Frauen stehen nicht immer in dem Ruf und machen in Kleider und Putz mehr Aufwand als eigentlich erlaubt ist und nötig.« Sie erlaubte sich das nicht, rechnete gar ihrer Schwägerin vor, wie sie an Zucker und Kaffee spare. Schiller dankte ihr das auch, indem er sie liebevoll »meine Maus« nannte und sie in einem Gelegenheitsgedicht, das er seinem Sohn Karl in den Mund legt, allerdings nicht ohne Anflug von Ironie lobte: »Ich bringe nichts als ein Gedicht/ denn alles, wie die Mutter spricht/ Zu Deines Tages Feier, /Ist so entsetzlich teuer.«

Aber auch ernsthafter pries er die Frau im Haus, Charlotte als Hausfrau:

> Sie reget ohn' Ende
> Die fleißigen Hände,
> Und mehret den Gewinn
> Mit ordnendem Sinn …
> Und füget zum Guten den Glanz und den Schimmer
> Und ruhet nimmer.

Gleich ins Programmatische erhob Schiller die pragmatisch häuslichen Verdienste Charlottes zur grundsätzlichen Kunst der Frauen in seinem Gedicht ›Würde der Frauen‹.

Ehret die Frauen! Sie flechten und weben
Himmlische Rosen ins irdische Leben,
Flechten der Liebe beglückendes Band.
Sicher in ihren bewahrenden Händen
Ruht, was die Männer mit Leichtsinn verschwenden,
Ruhet der Menschheit geheiligtes Pfand.

In den Gegenstrophen des Gedichts zeichnete der Dichter dann
sein Bild des Mannes.

Ewig aus der Wahrheit Schranken
Schweift des Mannes wilde Kraft,
Und die irren Tritte wanken
Auf dem Meer der Leidenschaft.
Gierig greift er in die Ferne,
Nimmer wird sein Herz gestillt,
Rastlos durch entlegne Sterne
Jagt er seines Traumes Bild.

Doch die Frau holt den wilden Mann in das stille gegenwärtige
Leben zurück:

Aber mit zauberisch fesselndem Blicke
Winken die Frauen den Flüchtling zurücke,
Warnend zurück in der Gegenwart Spur.

Und so folgt Strophe auf Strophe, die das Streben des Mannes,
der mit zermalmender Gewalt auch wieder zerstöre, was er er-
baut hat, und immer in »der Wünsche Streit« lebe, in Verse zwän-
gen. Die Frau hingegen:

Aber zufrieden mit stillerem Ruhme
Brechen die Frauen des Augenblicks Blume,
Pflegen sie sorgsam mit liebendem Fleiße.

Schon damals war dieses Gedicht Schillers mit seiner konserva-
tiven und kleinbürgerlichen Sicht auf die Rollen von Mann und
Frau Anlaß zu Spott und Hohn für die jüngere Dichtergenera-
tion, die man später die Romantiker nennen sollte. Sie hatten

sich um die Gebrüder Schlegel herum auch in Jena versammelt, sozusagen gleich um die Ecke bei Schillers Am Markt Nr. 23 im Haus von August Wilhelm Schlegel. Als diese ›Würde der Frauen‹ gemeinsam lasen, sollen sie vor Lachen vom Stuhl gefallen sein. Für sie war das Bild, das Schiller da von der Rolle von Mann und Frau gab, antiquiert, propagierten sie doch eine Gleichberechtigung der Geschlechter. Friedrich Schlegel schlug voller Spott vor, man solle das Gedicht strophenweise rückwärts lesen und: »Auch ist die Darstellung idealisiert, nur in verkehrter Richtung, nicht aufwärts, sondern abwärts, ziemlich tief unter die Wahrheit hinab. Männer wie diese müßten an Händen und Beinen gebunden werden, solchen Frauen ziemte Gängelband und Fallhut.« Diese belustigende Kritik beschämte und erzürnte Schiller. In einer Xenie, von denen er unzählige mit Goethe zusammen verfassen sollte, schlug er zurück, wobei man sich kaum vorstellen kann, daß Goethe von Schillers Frauenbild nicht auch belustigt war. Schiller nannte Schlegel einen »Geschwindschreiber«:

Was sie gestern gelernt, das wollen sie heute schon lehren,
Ach! Was haben die Herrn doch ein kurzes Gedärm.

Schlegel war nur dreizehn Jahre jünger als Schiller, doch repräsentierte er in der Dichtung, den Künsten und in der Lebensweise bereits eine völlig andere Generation, wobei Schiller, der sein jugendliches Ungestüm schon lange vergessen hatte, nicht nur in der Frauenfrage ein rückständiges und häufig kleinbürgerliches Weltbild besaß. Aber er nannte mit Charlotte eine Frau sein eigen, die seinem Ideal der Frau, das er ja schon vor vielen Jahren in dem Hochzeitsgedicht an Körner und in einem Brief an ihn formuliert hatte, deckungsgleich entsprach. Und spätestens in diesen Jenaer Jahren, als er auf das vierzigste Lebensjahr zuging, war sich Schiller endgültig bewußt, daß er mit Charlotte die richtige Frau gewählt hatte, die ihm in ihrer ausgleichenden Ruhe selbst Ruhe gebe, während ihre Schwester Caroline mit ihren eigenen Ansprüchen und ihrer unsteten Art ihm nicht die Gleichförmigkeit des Lebens verschafft hätte, die er für sein

Werk benötigte. Charlotte war nämlich auch in der Lage, seine »hypochondrischen Übel«, die üblen Launen, die cholerischen Anfälle und seine Ungerechtigkeiten dank ihres Gleichmuts zu bannen. Nahm sie sich dennoch gelegentlich eine kleine Freiheit, so folgte ihr Schillers Mißbilligung. Ein schwäbischer Freund des Dichters, der im Haus verkehrte, Ludwig Friedrich Göriz, schilderte:»Er schien oft ein zu strenger, unbilliger Richter der Handlungen seiner Frau zu sein. Sie tanzte nicht, war aber einmal mit einigen Freundinnen auf einem Balle im akademischen Haus zu Jena. Es konnten Jahre vergehen, ehe sie etwas derart wiederholte.« Schiller spielte derweil mit seinen Freunden Karten, bis sie heimkam, berichtete Göriz weiter.»Ich vergesse die Kälte und den mißbilligenden Ton, mit dem er sie empfing, in meinem Leben nicht.«

Sie aber trat dem gelassen entgegen:» Es ist kein so großes Verdienst, sich in Schillers Launen gut zu fügen«, teilte sie bei Gelegenheit ihrem Schwager Reinwald mit.»Charlotte lebte ganz in Schiller und einzig für ihn«, sollte Körner feststellen. Und Schiller selbst:»Einfach gehst Du und still durch die eroberte Welt.« Zu dieser eroberten Welt gehörte auch ihr Dichter.

*

Und der Dichter dichtete wieder, vergaß die Historie und wird auch seine »philosophische Bude« bald ganz schließen. In den Jenaer Jahren sollten unzählige Gedichte, Balladen und jene ›Xenien‹ entstehen, die er mit Goethe zusammen schrieb, und er sollte sich auch der Theaterdichtung wieder zuwenden, die ihm seit den Mühen mit dem ›Don Carlos‹ so lange verleidet war.

In den ›Xenien‹ – was Gastgeschenke, aber auch Sinngedichte bedeuten kann – bewährte sich erstmals die dichterische Produktionsgemeinschaft, die Schiller und Goethe über zehn Jahre miteinander eingingen. Fast neunhundert dieser kurzen Epigrammgedichte schufen sie, wobei man bis heute nicht genau weiß, welches von wem ist und welche nun völlig im dichterischen Einklang entstanden sind. Die ›Xenien‹ wurden anonym veröffentlicht, bald aber war klar, daß die »Sudelköche von Weimar und Jena«, wie man die beiden nannte, Urheber der bösen »Geschenke« waren. Mit ihnen griffen sie, die beide wegen der Zeitschrift ›Horen‹ und einigen ihrer Beiträge selbst angegriffen worden waren, den gesamten zeitgenössischen Literaturbetrieb an. Als »Guerre ouverte«, als offenen Krieg also, bezeichneten sie die Gedichte:

Lange neckt ihr uns schon, doch immer heimlich und tückisch,
Krieg verlangt ihr ja, führt ihn nun offen, den Krieg.

Diesen Krieg führten Schiller und Goethe nun mit viel Spaß, und so heckten sie »zur eigenen Ergötzung« vor allem im Jenaer Haus Schillers immer neue lyrische Kriegserklärungen aus und sagten in ihnen, was sie immer schon einmal sagen wollten, aber sich bisher nicht zu sagen getraut hatten. Nach der Veröffentlichung von Goethes erotischen Gedichten aus seiner italienischen Zeit, den ›Erotica Romana‹ in den ›Horen‹, waren diese, obwohl Goethe die eindeutig pornographischen zurückbehalten hatte, heftiger Kritik ausgesetzt und Herder schlug die Umbenennung der Zeitschrift in ›Huren‹ vor. Daraufhin verfaßte Schiller eine kurze Schrift über die ›Schamhaftigkeit der Dichter‹, in der er klarmachte, warum der Dichter als Teil der Natur nicht unschamhaft sein könne. Goethe ergötzte sich zudem daran, diese ›Erotica Romana‹ und seine noch freizügigeren ›Venezianischen Epigramme‹ selbst vorzutragen, vor allen den adligen Frauen von Weimar, die wie Charlotte von Kalb, Herzogin Anna Amalia, ihre Hofdame Louise von Göchhausen und Henriette von Knebel mit Lust und Vergnügen zuhörten. Und er trug sie mit besonderem Spaß auch Charlotte Schiller vor, weil er sie prüde wußte und damit provozierte.

»Eine Tugend genüget dem Weib, sie ist da«, schrieb Schiller in einem kleinen Sinngedicht. So ein »Weib« hatte Schiller, Goethe auch, und doch gab es da einen mehr als kleinen Unterschied. Schiller hatte nach langem Suchen und häufiger Brautwerbung die Frau gefunden und geheiratet, die seinem Ideal einer Ehe-

frau entsprach. Goethe indes hatte eine solche Frau nicht gesucht, aber gefunden, sie dann nicht geheiratet. Als Christiane
Vulpius ihm kurz nach seiner Rückkehr aus Italien eine Bitt-
schrift für ihren Bruder überbrachte, kam es schnell zu einer Lie-
besnacht, und Goethe nahm das kaum gebildete Mädchen aus
dem Volk in sein Haus, schrieb über den Liebesmoment in seinen Erotica: »Laß Dich, Geliebte, nicht reun, daß du so schnell
dich ergeben/ Glaub' es, ich denke nicht frech, denke nicht nie-
drig von dir.« Doch ganz Weimar spielte Empörung darüber, daß
der Minister-Dichter mit dem Mädchen nun zusammenlebte
und nicht daran dachte, sie zu ehelichen. Sie war sein Hausmäd-
chen und »Bettschatz«. Daß er sie vorerst nicht geheiratet hatte,
war weder eine provozierende Heldentat noch eine libertine
Überzeugung. Goethe versuchte, wie schon immer, seine Unabhängigkeit gegenüber der Frau zu wahren, und zum anderen
spielte sicher auch ein gewisser Opportunismus eine Rolle, wenn
er keine Frau aus niedrigem Stand per Ehe in die Weimarer Gesellschaft aufnehmen wollte. Charlotte von Stein hatte ja geplant,
ihren Goethe mit Henriette von Egloffstein zu verheiraten, was er
aber einfach ignorierte. Die nannte dann die Vulpius ein »zwei-
deutiges Mädchen aus der Blumenfabrik der Madame Bertuch«.

Charlotte von Stein hingegen spielte nicht die Empörung, sie
war, da Goethe Christiane Vulpius ihr nun vorzog, wirklich em-
pört, und mit ihr ihr Patenkind Charlotte und auch Schiller.
Wenn er aus Jena kommend bei Goethe zu Besuch war, so ignorierte er die Tatsache, daß eine Frau im Haus lebte, mißbilligte in
seinem Biedersinn Goethes wilde Ehe in eindeutigen Worten.
Kam er mit Frau und Sohn, so wohnte er selbst bei Goethe, die
beiden aber der Schicklichkeit wegen bei Frau von Stein, damit
sie nicht unter einem Dach mit der »Mamsell Vulpius« sein muß-
ten. Wie Charlotte schon den Lebenswandel ihrer Schwester ver-
urteilt hatte, so mißbilligte sie auch den Goethes, wird an Fritz
von Stein schreiben: »Daß wir Frauen nicht sans façon in seinem
Haus Eintritt haben können und wollen, hängt von seinen inneren Verhältnissen ab. Obgleich Schiller selbst nie die Dame des
Hauses sieht ... so könnten doch andere Menschen es nicht

glauben, daß sie sich verbärge, wenn unser eins auch diese Gesellschaft teilte.« Goethe litt unter der Mißachtung seiner Frau, hielt aber zu ihr und verteidigte sie gegen alle Angriffe, obwohl sie sein Leben auch einengte, wie Efeu, der einen Baum umschlingend emporwächst, wie er in seinem Gedicht ›Amyntas‹ erzählt: »Und so saugt sie das Mark, sauget die Seele mir aus.« Dann machte er sich schnell auf den Weg nach Jena, wo er ja nun in Schiller einen Menschen gefunden hatte, mit dem er zwar kaum die Dinge des Lebens erörtern, sich aber über Dichtung austauschen konnte. »Sie haben mir eine zweite Jugend gegeben«, wird Goethe Schiller danken, hatte der ihn doch aus einer Schaffenskrise geführt, während Schiller ihm seine »Läuterung« dankte, da er ihn wieder zum Dichter gemacht habe.

*

»Nach dem tollen Wagestück mit den ›Xenien‹ müssen wir uns bloß großer und würdiger Kunstwerke befleißigen«, forderte Goethe Schiller mit verhaltener Ironie auf, und der schrieb von nun an seine großen Gedichte und mit dem ›Wallenstein‹ auch wieder ein Drama. Im Wettstreit dichteten sie Balladen, und Goethe vollendete den Roman ›Wilhelm Meisters Lehrjahre‹, wobei er die gerade verfaßten Kapitel Schiller nach Jena schickte, der sie mit kritischen Anmerkungen versah. Sie hatten einander wieder zur Dichtung geführt. Schiller bezeichnete das Verhältnis zu Goethe als »auf wechselseitige Perfektibilität gebaut«. Sie konnten einander kaum mehr entbehren, und Goethe wird nach Schillers Tod vom Verlust der »Hälfte seines Daseins« sprechen.

Immer wieder war Goethe nach Jena und Schiller nach Weimar gereist. In »Mitternachtsgesprächen«, wenn die Frau im Haus schon schlafen gegangen war, jedoch nicht bevor sie für die beiden Dichter den Wein aus dem Keller hochgeholt hatte, vertieften sie ihre Gedanken, regten sich zur Dichtung an und nahmen dabei Schluck für Schluck vom guten Wein, den sie beide häufig von ihren Verlegern geschenkt bekamen und in Eimern oder Flaschen horteten.

In den regen Verkehr zwischen den Städten mischte sich, seitdem sie sich im Dezember 1796 in Weimar niedergelassen hatte, auch Caroline von Wolzogen ein, die – oft auch mit ihrem Mann und Vetter – Schwester und Schwager in Jena besuchte. Gelegentlich machte sich gar Charlotte allein nach Weimar auf und ließ ihren Mann zurück, der sich daraufhin schnell einsam fühlte, wie im April 1797, als sie mit ihrer Schwester Jena verließ, worauf Schiller gegenüber Goethe klagte: »Aus der bisherigen Abwechslung und Geselligkeit bin ich auf einmal in die größte Einsamkeit versetzt und auf mich selbst zurückgeführt. Außer Ihnen und Humboldt hat mich auch alle weibliche Gesellschaft verlassen.« Einsamkeit konnte Schiller kaum ertragen, war er doch immer darauf angewiesen, ihm wohlwollende Menschen um sich zu wissen. »Kommen Sie ja, sobald sie können«, flehte er dann Goethe an oder »Mein Selbst sollen Sie helfen«, und als dieser in die Schweiz gereist war, entbehrte er seine Gesellschaft so sehr, daß er Unterleibskrämpfe bekam, die oft einhergingen mit langen Schlaflosigkeiten.

Dann sorgte sich Charlotte um ihn und umsorgte ihn, mit Kaffee und anderen Stimulantien, etwa den faulen Äpfeln, die er in einer Schreibtischschublade verbarg und an denen er schnüffelte, um sich, wenn er schon nicht schlafen konnte, zur Arbeit in Schwung zu bringen. Aber all das, die Krankheitsanfälle, die Krämpfe, die Vomitive dagegen und die Stimulantien sowie die Sucht, immer zu arbeiten, schwächten seine Gesundheit zunehmend. So wurde sein Leben eine Krankheit zum Tode, was auch Charlotte selbst oft krank machte, zumal Schiller seinen üblen Launen zunehmend freien Lauf ließ. Noch aber hielt sie stand.

Im Sommer 1796 hatte sie einen zweiten Sohn geboren. An diesem 11. Juli gegen 13 Uhr hatte Friedrich Schiller die Geburtsstunde nicht verschlafen, wie gut zwei Jahre zuvor, als Karl Schiller zur Welt gekommen war. Drei Tage später wurde der kleine Bruder auf den Namen Ernst Friedrich Wilhelm getauft. Zu den Paten zählte auch Charlotte von Kalb, mit der Schiller wieder auf gutem Fuße stand, und auch Charlotte leidlich. Die Kalb hatte inzwischen einen anderen Dichter an sich gezogen und zu ihrem Liebling gemacht, Jean Paul, zwischen beiden kündigte sich eine Liaison voller Tumult an.

Im Frühjahr 1797 erweiterte die Familie Schiller ihren Lebensraum, indem man ein Gartenhaus an der Leutra, vor den Toren Jenas, kaufte. Hier sollte Schiller in den nächsten Jahren nicht nur den ›Wallenstein‹ schreiben und die langen Gespräche mit Goethe führen, hier war der Ort, wo er mit seinen beiden Söhnen heitere Tage verbringen sollte, die in seinem arbeitsamen und von der Krankheit gezeichneten und verzehrten Leben unterdessen selten geworden waren. »Eine schöne Landschaft umgibt mich, die Sonne geht freundlich unter und die Nachtigallen schlagen. Alles um mich rum erheitert mich«, berichtete er, und Charlotte meldete ihrer Schwägerin Christophine, sie habe ein Spargelbeet angelegt und: »Wir haben doch etwas Zwetschgen bekommen. Schiller hat geschüttelt und Karl aufgelesen, das war ein großes Fest für Karl. Schiller hat sich an die Luft gewöhnt und geht alle Tage in den Garten ... es wird einen guten Einfluß auf seine Gesundheit haben.« Diesen Karl werden die Eltern bald häufig Herrn K. nennen, da er, so klein er war, schon den Erwachsenen spielte.

Im folgenden Frühjahr ließ Schiller auf seinem Grundstück noch anbauen, eine Gartenzinne mit einem einzigen Zimmer, das seine Dichterklause inmitten der vierköpfigen Familie sein würde.

Das behagliche Leben hatte für Charlotte aber auch Folgen, wie sie in ihrem dreiunddreißigsten Lebensjahr an Fritz von Stein schrieb: »Ich selbst bin wohl und werde so dick, daß ich auch die Welt gemütlicher ansehen lerne, weil ich ruhiger bin und gleichmütiger, aber doch hoffe ich durchaus nicht phlegmatisch zu werden.« Aus dem hageren blassen Mädchen war eine Frau geworden, die ihre Jugend hinter sich gelassen hat, so daß sie den Brief endete: »Meine alten Bekannten lachen über mich, so findet man mich verändert.«

*

Schwester Caroline hatte zwar mit Wilhelm von Wolzogen und dem Sohn Adolf auch eine Familie, doch ihr Leben war anderer Art. Wurde Wilhelm von Wolzogen ob seiner Körperfülle auch mit Falstaff verglichen, so war er doch ein fragiler, äußerst hypochondrischer Mensch, der betagter erschien als er war, so daß Caroline ihn nur noch den »Alten« nannte. Er war psychisch und physisch äußerst anfällig für eingebildete und wirkliche Krankheiten, litt an Herz- und asthmatischen Anfällen. Caroline sorgte sich auch um ihn, umsorgte ihn aber nicht so hingebungsvoll wie die Schwester ihren Mann. Auch führte sie in der Ehe ein eigenständiges Leben, zumal ihr Mann aufgrund diplomatischer Missionen häufig abwesend war. Ihr Haus bildete einen der gesellschaftlichen Mittelpunkte Weimars, und sie ging bei Goethe ein und aus. Nachdem ihr Roman ›Agnes von Lilien‹ 1797 bei Unger in Berlin erschienen war, zählte sie zu den erfolgreichen Schriftstellerinnen.

Caroline von Wolzogen war indes nicht die einzige adlige Dame von Weimar, die sich als Dichterin versuchte. Auch Charlotte von Stein dichtete, hatte eine Tragödie ›Dido‹ verfaßt, Henriette von Egloffstein schrieb Memoiren-Literatur, Sophie Mereau Gedichte, Amalie von Imhoff Gedichte und das Epos ›Die Schwestern von Lesbos‹, das ihr seitens Caroline Schlegel den Spitznamen Fräulein von Lesbos eintrug. Goethe und auch Schiller befaßten sich mit den dichtenden Frauen durchaus ernsthaft, auch wenn sie von dem »Dilletantism der Weiber« sprachen, das im damaligen Wortgebrauch vor allem Liebhaberei meinte. Schiller verglich aufgrund eines Briefes Goethes zu dieser Frage »unsere jenaischen und weimarischen Dichterinnen«, jedoch in einer wohlwollend abschätzigen Art und Weise: »Unsere Freundin Mereau hat in der Tat eine gewisse Innigkeit und zuweilen fast eine Würde des Empfindens, und eine gewisse Tiefe kann ich ihr nicht absprechen. Sie hat sich bloß in einer einsamen Existenz und in einem Widerspruch mit der Welt gebildet. Amalie Imhoff ist zur Poesie nicht durch das Herz, sondern nur durch die Phantasie gekommen und wird ihr Leben lang damit spielen.« Eine poetische Demarche, die Schiller zuwider gewesen sein muß, und so urteilte er auch, sie verfehle das Poetische immer »dem Gehalte nach«. Dann kam er gegenüber Goethe auf Caroline von Wolzogen zu sprechen: »Sie hat das Gute von beiden, aber eine zu große Willkür der Phantasie.« Diese hat er ja auch schon im Leben mit ihr kennengelernt und konnte so auch meinen, sie habe aus einem »fast leidenden Auf-sich-wirken-lassen« geschrieben. Goethe ist da, wie immer gegenüber dem weiblichen Geschlecht, milder gestimmt und will die schreibenden Frauen nicht mit eigenen Kategorien einengen, wenn er Schiller widerspricht: »Halten Sie unsere Agnes« – also Caroline – »und Amalie ja recht wert. Man weiß nicht eher was man an solchen Naturen hat, als bis man sich in der breiten Welt nach ähnlichem umsieht... Diese beiden werden gewiß noch manches Gutes hervorbringen, wenn sie etwas mehr von den Grundformen der Kunst einsehen lernen.« Goethe hatte auch mit Gefallen und Verwunderung Carolines Roman ›Agnes von Lilien‹ gelesen und zu Schiller gemeint: »Was das Naturell betrifft, das dieses Werk überhaupt hervorgebracht, so erregt es immer noch Erstaunen... Eine solche Natur, wenn sie einer Kunstbildung fähig gewesen wär, hätte etwas Unvergleichliches hervorbringen können. Meyer«, auch »Kunschtmeyer« genannt, da er der Kunstexperte Weimars war, »ist voller Verwunderung, der sich sonst nicht leicht wundert.« Die »unvergleichliche Wirkung« des Romans, von der Goethe in diesem Brief noch sprach, stellte sich auch außerhalb Weimars ein, denn mit ›Agnes von Lilien‹ wurde Caroline von Wolzogen zu einer bekannten und vielgelesenen Schriftstellerin im Deutschland der Jahrhundertwende. In der Tat findet sich in dem Roman viel von dem, was Schiller das »Auf-sich-wirken-lassen« genannt hat. Er erzählt die Liebesgeschichte einer Frau zwischen mehreren Männern, zwischen dem angenommenen Vater, dem wirklichen Vater, dem Geliebten und einem weiteren, den sie heiraten soll. In diese Situation hat Caroline von Wolzogen manches von ihrer verhaßten Ehe und ihrem Liebesverzicht hineingedichtet, allerdings ein überraschendes und überhastetes Happy-End als Vision einer eigentlichen Unmöglichkeit hinzugedichtet.

Schon 1792 hatte sie einige Szenen ihres Schauspiels ›Der Leukadische Fels‹ veröffentlicht, in dem es um das Motiv der Liebestrunkenheit und des Verzichts geht. Sie läßt ihre Heldin Lidia, die einen etwas älteren Mann, ihren Lehrer, vergeblich liebt, sagen: »Und oft verlöscht das Leben mit der Liebe«, und schließlich zu der Erkenntnis kommen: »Der Welt gehört der Mann, dem Mann das Weib, / und wir sind arm, weil wir am meisten lieben?«

Der Mann aber weiß um die Liebe Lidias, wie Schiller um die Carolines wußte, aber was tut er? Nichts. »Er fühlte sich geliebt, und schweigt –.«

Hat Caroline ihre sie verzehrende Liebe zu Schiller erst besänftigen, ja exorzieren können, als sie anfing zu schreiben und sie mit Dichtung in eine andere höhere Sphäre transportieren konnte? Qua Dichtung konnte sie Schiller etwas anderes entgegensetzen als ihre unbändige Liebe. Und Schiller veröffentlichte zudem das, was sie geschrieben hatte. Die Szenen aus ›Der Leukadische Fels‹ waren schon in der von ihm herausgegebenen ›Neuen Thalia‹ erschienen. Das Fragment aus ihrem Roman ›Agnes von Lilien‹, das Schiller in eine Ausgabe der ›Horen‹ aufgenommen hatte, erregte hohe Aufmerksamkeit. Da es anonym erschienen war, rätselte alle Welt, wer der Autor sein könnte. Manche waren sich sicher, Goethe wäre der Verfasser, wie Sophie Mereau, die von »Reichtum und Anmut eines großen Geistes« sprach und damit auch fälschlicherweise Goethe lobte. Daß man ihre Dichtung überhaupt mit Goethe vergleichen konnte, mußte, als Caroline von Wolzogen als Autorin entlarvt war, schon als Anerkennung ihrer literarischen Tätigkeit verstanden werden.

Caroline von Wolzogen wird mit Unterbrechungen bis ins hohe Alter schreiben, noch den umfangreichen Roman ›Cordelia‹ verfassen und eine Reihe von Erzählungen, ihr Hauptwerk aber wird der größten Liebe ihres Lebens gelten, Schiller.

Theater zwischen Schwestern

Meine Schwester hat sich geändert«, stellte auch Charlotte fest, »und zu ihrem Vorteil; sie ist sehr ruhig und glücklich jetzt und heiter, gesund und teilnehmend; es läßt sich immer leicht und angenehm mit ihr leben«, schrieb sie an Fritz von Stein. Das war in den letzten Jahren nicht immer so gewesen. In der Tat hatte Caroline nun alles, was sie zu ihrem Glück brauchte. Sie war eine angesehene und erfolgreiche Schriftstellerin, sie hatte einen Mann, der ihr sowohl Freiheit als auch Sicherheit gab, der zudem häufig abwesend war und auch während seiner Anwesenheit ihren Lebenswandel nicht störte, so daß selbst ihr Gesichtszucken verschwunden war. Sie hatte einen Sohn, den sie in der pfleglichen Obhut von Wilhelmine Schwenke wußte, einer Pfarrerstochter, die auch den Haushalt führte. Caroline von Wolzogen wurde eine Vertraute Goethes und seine Begleiterin in Gesellschaft, da er seine Lebensgefährtin weiterhin verstecken mußte. Und, sie wußte Schiller in der Nähe. Ihn besuchte sie häufig in Jena, er kam gelegentlich nach Weimar. Dann gab es im Haus Goethes heitere Mittagsmahle oder Abendgesellschaften, in der sie an der Seite Goethes oder Schillers saß. War dieser aber krank oder mußte wegen seiner Arbeit in Jena bleiben, so fuhr sie auch schon einmal mit Goethe in dessen Kutsche zu ihm und sprach ihm Mut zu.

Aus dem Verhältnis zwischen den Schwestern und zu Schiller war die frühere Spannung gewichen und Charlotte hatte wieder Vertrauen zu Caroline gefaßt, und doch: Es bestand untergründig etwas weiter, das sich aus der Tatsache nährte, daß Schiller an der Spitze ihres Dreiecksverhältnisses stand und damit das Ziel war, auf das beider Wünsche immer wieder hinausliefen.

Charlotte beneidete Caroline auch um ihre Freiheit und besonders um ihre Freiheit zu schreiben. Sie wußte aber auch, daß Schiller dichtende Frauen eigentlich nicht mochte, hatte sie doch erfahren, wie er die dichtende Sophie La Roche verspottet hatte. In Caroline akzeptierte er die Dichterin nur, weil es die Frau war, der er sich insgeheim weiterhin am nächsten und verwandtesten fühlte, und die in Gesprächen selbst ihn anzuregen vermochte, die Ausnahme einer Frau für ihn.

Charlotte hatte sich zum wiederholten Mal dem sechs Jahre jüngeren Fritz von Stein, den sie seit dessen Kindheit kannte, anvertraut, bedauerte, daß sie nur gelegentlich und en cachette kleine Erzählungen sowie Kindheitserinnerungen schreiben und englische Gedichte zu ihrem eigenen Bedarf übersetzen konnte. Sie beklagte, daß ihr die Führung des Haushalts und die Erziehung der Kinder auch keine Zeit ließen zu schreiben. Von Stein antwortete ihr, es sei nun einmal die Aufgabe der Frau, das Leben des Mannes zu organisieren, und verfiel dann in einen mitfühlenden Plural: »Es ist nun einmal unsere Bestimmung nicht, darin bin ich, mein liebes Lolochen, ganz Ihrer Meinung«, und meinte die Dichtung.

Die freundliche Agnes aber, so nannte man Caroline von Wolzogen nun häufig aufgrund des Romans ›Agnes von Lilien‹, führte ihr Leben, das ihr ein neues Dreiecksverhältnis zwischen Schiller und Goethe beschert hatte, mit großem Vergnügen weiter. Beiden bot sie sich nun auch als Gesprächspartnerin für deren Dichtung an, was Schiller selten nutzte, erst später, als er den ›Wilhelm Tell‹ schreiben sollte.

Erst einmal aber vertiefte er sich in den ›Wallenstein‹ und versuchte, dieses Monstrum an Geschichtsdrama zu vollenden, in dem er darstellen wollte, wie Menschen unter Bedingungen des Krieges sich verhalten und verändern, in ein Räderwerk geraten, das keinen Haltepunkt mehr findet, bis der Krieg alle verschlungen hat und selbst den, der siegt und übrigbleibt, wie Octavio Piccolomini, in kalte Einsamkeit stößt.

Mit dem ›Wallenstein‹ wollte Schiller wieder zum Theater zurückkehren, denn seine Bestimmung zum Dichter der Bretter, die die Welt bedeuten, seine Welt, hatte er wiedergefunden. Die Bühne war ihm die Poesie des Lebens, wie er auch ein Gedicht nannte, das er zwar schon 1795 geschrieben hatte, das aber nun wieder in ihm auftauchte. Nicht in der veröffentlichten Fassung des Gedichts, sondern nur in einem Brief an Körner sind folgende Verse zu finden: »Was ist das Leben der Menschen? wenn ihr/ Ihm nehmet, was die Kunst ihm gegeben hat/ Ein ewiger aufgedeckter Anblick der Zerstörung«.

Ehefrau Charlotte stellte diese Ansicht insgeheim in Frage, wenn sie in einem Tagebuchgedicht schreibt: »Viel sind die Zaubereien der Kunst,/ Und wenig die des Lenzes.« Schiller indes hatte mit der Bühnenkunst sein Lebensziel, das für ihn Bestimmung war, nach vielerlei Umwegen wiedergefunden, und mit dem ›Wallenstein‹ folgte er ihm endlich wieder. Mit Goethe hatte er vereinbart, das Schauspiel als Trilogie zu gestalten. Mit dem ersten Teil ›Wallensteins Lager‹ wünschte Goethe, der ja auch Theaterdirektor von Weimar war, das umgebaute Schauspielhaus im Herbst 1798 wiederzueröffnen.

Es ist der Morgen des 11. Oktober. Schiller besteigt mit den beiden Schwestern die Kutsche nach Weimar. Er sitzt zwischen ihnen. Sie sind voll gespannter Erwartung, was der Abend des kommenden Tages bringen wird, wenn ihr Schiller wieder Theaterdichter sein, in Weimar die erste Aufführung von ›Wallensteins Lager‹ gegeben wird. Kaum sind sie in der Stadt an der Ilm angelangt, eilt Schiller hinüber zum Theater, wo die Endproben laufen. Die Frauen kehren im Haus der Wolzogens ein. Gegen Abend gehen sie in Begleitung von Carolines Mann ebenfalls zum Theater, wo sie auch auf Goethe treffen. Es ist Generalprobe. Sie sehen das umgebaute Theater, sehen, selbst der Architekt und die Bauleute stehen mit auf der Bühne, verstärken den Chor des ›Reiterlieds‹.

Am Tag darauf sitzen Charlotte und Caroline mit dem Dichter des Schauspiels in dessen eigener Loge, Theater mit Schwestern. Sie hören den Prolog, den der Schauspieler Heinrich Voß im Kostüm des Max Piccolomini spricht, hören:

Der scherzenden, der ernsten Maske Spiel.
Dem ihr so oft ein willig Ohr und Auge
Geliehn, die weiche Seele hingegeben,
Vereinigt uns aufs neu in diesem Saal.

Und die weiche Seele der beiden Frauen öffnet sich dem, was ihr Dichter geschrieben hat, bevor der Vorhang sich öffnet. Eine neue Theaterära kündigt Schiller in diesem Prolog an:

Und jetzt an des Jahrhunderts ernstem Ende
Wo selbst die Wirklichkeit zu Dichtung wird.

Ja, die Wirklichkeit ist zur Dichtung geworden, das spüren die Frauen zwischen Schiller.

Jetzt darf die Kunst auf ihrer Schattenbühne
Auch höhern Flug versuchen, ja sie muß,
Soll nicht des Lebens Bühne sie beschämen.

Alle sind ergriffen, das hat Schiller gewollt, als der Prolog geendet hat: »Ernst ist das Leben, heiter ist die Kunst.«

Der Vorhang öffnet sich, die Bühne zeigt einen Marketenderplatz, den nicht nur die Schauspieler beleben, über den auch zwei Hunde streunen. Das Schauspiel ist kurz, es soll ja auch nur eine Einstimmung auf die beiden folgenden großen Teile des ›Wallenstein‹ sein, die hiermit angekündigt werden. Der Chor singt noch: »Und setztet ihr nicht das Leben ein,/ Nie wird euch das Leben gewonnen sein«, da fällt der Vorhang schon wieder.

Hochgestimmt verläßt man das Theater und wechselt hinüber zum Gasthaus »Elephant«. Dort sind die Tische gedeckt für das Premierenbankett. Goethe, Schiller, die Schauspieler und einige Weimarer Größen sind dabei, die Schwestern auch. Man feiert die Neueröffnung des Theaters, man feiert die Schauspieler, man feiert den Dichter Schiller, der dem Dichter Goethe zu verdanken hat, daß er dem Theater zurückgegeben ist. Nach einigem Wein läßt sich Schiller dazu hinreißen, noch einmal die Kapuzinerpredigt aus dem Schauspiel zu halten, und zwar im besten Schwäbisch: »Heisa, juchheia! Dudeldumdei! / Das geht ja hoch her. Bin auch dabei!«

Das ist sein Leben, Schillers Leben, Theater, ein zweites Leben für ihn.

Es werden noch einige Abende im Kreise der Schauspieler und mit den Schwestern folgen, denn von nun an will Schiller nur noch Theaterdichter sein und für das Theater leben, solange ihn das Leben leben läßt. Noch knapp sieben Jahre.

*

Zwei Tage nach der Premiere eilte Schiller mit Charlotte nach Jena zurück, denn er wollte in Hast den zweiten Teil der ›Wallenstein‹-Trilogie, ›Die Piccolomini‹, beenden und dafür die letzten schönen Herbsttage in seinem Gartenhaus nutzen. Von der Natur umgeben, fiel es ihm leichter zu dichten, doch am 6. November mußte er zurück in die Stadtwohnung, in sein »Kastell«. Goethe war wieder einmal nach Jena gekommen, um ihm Gesellschaft zu leisten, und begleitete die Dichtung Schillers mit mancherlei Rat. Als er wieder nach Weimar zurückkehrte, Schiller ihn entbehren mußte, erkrankte er, war geplagt von Krämpfen und Schlaflosigkeiten. Dennoch mußte er bald das fertige Schauspiel liefern, Goethe ermahnte ihn noch in einem Brief vom 27. Dezember, und am Silvestertag 1798 konnte Schiller ihm das vollendete Stück liefern. Sein Wille und sein Fleiß hatten erneut über die Krankheit gesiegt und fügten zugleich dem kranken Körper weiteren Schaden zu.

Um sich nicht schonen zu müssen, begann Schiller am Neujahrstag sogleich mit dem letzten Teil des Schauspiels, mit ›Wallensteins Tod‹, fuhr wenige Tage später wieder nach Weimar, mit der ganzen Familie, wohnte dort im Schloß, in dem Goethe ihm die vormalige Wohnung des Baumeisters Thouret einrichten ließ. Täglich war er nun bei Goethe zu Leseproben der ›Piccolomini‹. Abends weilte er, wenn er nicht bei Goethe blieb, bei Wolzogens in Gesellschaft oder im Haus der Charlotte von Kalb – oft

Charlotte von Kalb

ohne Ehefrau. Hier traf er auf den Dichter, dem sich seine ehemalige Geliebte, Charlotte von Kalb, zugewandt hatte, auf Jean
Paul, der eigentlich Johann Paul Richter hieß. Sie hatte ihn, der
durch den Roman ›Hesperus‹ bekannt geworden war, nach Weimar gelockt, wollte ihn an sich binden, hatte ihm gar einen Heiratsantrag gemacht, obwohl sie noch verheiratet war, aber vergeblich. Zuvor hatte sie auch Goethe den Hof gemacht, ebenso
vergeblich, hatte ihn mit Briefen belagert, geschrieben: »Leise
entsteht der Wunsch: durch sie«, die Liebe, » zu sein, für sie da zu
sein … und ich kann wohl sagen, schreiben, denken – ich liebe
Dich! – ich streiche das Wort aus und daran ist auch Mißtrauen
und Unglauben schuld.« Je weniger Charlotte von Kalb an die
Liebe glaubte, die sie vorzugsweise mit einem Dichter leben
wollte, um so heftiger umwarb sie sie. »Mein Gemüt sucht sie
und möchte behalten, was es erworben hat.« Aber Goethe ließ

sich nicht erwerben, weder von Charlotte von Kalb, noch von einer anderen Frau. Charlotte von Kalb fand keine Erlösung aus dem Kummer ihres Lebens durch einen Dichter. Nun also Jean Paul, doch auch der wird sich ihr später entziehen, Lockrufen anderer Frauen folgen.

Am 11. Juni 1796 hatte Jean Paul in Weimar vor der Tür der Charlotte von Kalb gestanden und um eine »einsame Minute« gebeten. »Ach hier sind Weiber«, schrieb er an einen Freund. Viele Stunden waren seitdem gefolgt und Wochen, Monate leidenschaftlichen Streits und darauffolgender Versöhnung, in denen Jean Paul ihr wider Willen erlag. »Der Teufel hole das erste zerrüttete Wort, das mir die Kalb sagte.« Sie erwiderte: »Um Gottes willen, zeig Dich keinem anderen als mir«, und doch verfolgte das ganze klatschsüchtige Weimar Liebesglück und Liebeskummer der beiden. Sie gab ihm ein Buch Madame de Staëls zu lesen, ›Der Einfluß der Leidenschaften‹ und er las darin: »Bei den Weibern ist die ganze Historie ihres Lebens nur Liebe; nur Episode ist die Liebe in der Geschichte der Männer«, und wird die Episode mit Charlotte von Kalb beenden.

Zuvor aber, am 21. Januar, treffen sie im Hause der Kalb aufeinander. Goethe, Jean Paul und Schiller, drei Männer, die sie geliebt hat und noch liebt. »Seine Gestalt ist verworren, hartkräftig, voll Eckstein, voll scharfer schneidender Kräfte aber ohne Liebe«, hat Jean Paul Schiller schon charakterisiert, als er ihn in Jena besuchte. Der nannte ihn, »fremd wie einer, der vom Mond gefallen«. Nun kommt es zum heftigen Disput zwischen den beiden Dichtern und Geliebten der Gastgeberin. Jean Paul bestreitet gegenüber Schiller kategorisch die Möglichkeit, überhaupt echte poetische Gestalten auf die Bühne bringen zu können, und das eine Woche bevor die ›Piccolomini‹ zur Uraufführung kommen sollen. Ein erregtes Wortgefecht folgt, und Charlotte von Kalb sitzt zwischen beiden Männern, ihrem ehemaligen und ihrem jetzigen Günstling, und bewundert zudem Goethe glühend.

Der Abend ging zu Ende, man trennte sich frostig. »Doch habe ich gegen Goethe und Schiller eben so viel Liebe als eigentlich

Mitleid mit ihren eingeäscherten Herzen«, schrieb Jean Paul danach an Charlotte von Kalb.

Kurz vor der Premiere traf die Weimarer Gesellschaft noch einmal im Haus Goethes zu einem Abendessen zusammen, Jean Paul war nicht dabei, aber der Erbprinz, Charlotte von Kalb, die Wolzogens, Schiller und ausnahmsweise auch seine Frau Lotte. Am späten Nachmittag des 30. Januar 1799 um 17.30 Uhr hebt sich vor fünfhundert Zuschauern der Vorhang zu den ›Piccolomini‹, und die Schwestern folgen neben Schiller in seiner Loge dem Schauspiel, bis Max Piccolomini die Schlußworte spricht: »Und eh der Tag sich neigt, muß sich's erklären, / Ob ich den Freund oder den Vater soll entbehren.« Der Vorhang fällt, die Frage bleibt offen, und die Spannung des Publikums wird gehalten bis zum letzten Teil des Dramas, das zwei Monate später erst das Licht der Bühne erblicken wird.

*

»Der Knoten ist geschürzt«, schrieb Schiller an den Berliner Theaterdirektor Iffland und meinte damit, daß mit den ›Piccolomini‹ alles vorbereitet sei, um die eigentliche Tragödie von Wallensteins Fall und Tod mitzuerleben. Alle Welt wartete nun. Sie mußte nicht lange warten.

Charlotte von Kalb hatte Schiller nach der Premiere einen begeisterten Brief geschrieben, vielleicht auch, um die Meinung Jean Pauls zu entkräften, man könne keine poetischen Figuren auf die Bühne bringen. Schiller dankte ihr geschmeichelt und erinnerte sie zugleich an ihre einstige Seelenverwandtschaft: »Sie haben mich gefunden, denn im *Ganzen* dieses Stücks habe ich mein Wesen ausgesprochen«, und fügte für sie, nur für sie, schmeichelnd noch hinzu: »Die Menge hält sich an das, was geschieht und gehandelt wird, aber die *Seele*, die der Dichter in sein Werk zu legen wünscht, und welche tiefer liegt, als die Handlung selbst, ist nur für die, welche eine Seele fassen können.«

Hastig machte sich Schiller nun daran, ›Wallensteins Tod‹ zu beenden, dachte aber gleichzeitig schon an ein neues Schauspiel, ›Maria Stuart‹, wußte er doch nach so vielen versäumten Dichterjahren, wo er meinte, Historiker und Philosoph sein zu müssen, daß er nun gegen die verrinnende Lebenszeit sein Werk zu vollenden hatte. Und er schalt seinen Dichterkompagnon Goethe, da der seit längerem nicht dichtete: »Die Natur hat Sie einmal bestimmt, hervorzubringen; jeder andere Zustand, wenn er eine Zeitlang anhält, streitet mit Ihrem Wesen. Eine so lange Pause, als Sie dasmal in der Poesie gemacht haben, darf nicht mehr vorkommen und Sie müssen darin ein Machtwort sprechen und ernstlich wollen.« Aber Goethe konnte nicht dichten, wenn er es wollen wollte. Das konnte nur Schiller, für den Dichtung Arbeit war, harte, für Goethe indes vor allem Genuß aufgrund von Erlebnis und Eingebung.

Als Schiller am 17. März den letzten Vers von ›Wallensteins Tod‹ niedergeschrieben hatte, wußte er urplötzlich nicht, was tun. »In der Tat befinde ich mich bei meiner jetzigen Freiheit schlimmer als der bisherigen Sklaverei«, und meinte mit ihr die des Dichtens. Er hing »bestimmungslos in der Luft«, gestand er Goethe, und seine Hypochondrie und die bösen Launen überfielen ihn, die Charlotte immer schlechter aushalten konnte, zumal sie erneut schwanger war, womit sich auch eine Krise in ihrem Leben ankündigte. Aber Goethe kam herbeigeeilt, besprach mit Schiller neue Theaterpläne, die diesen wieder in Bewegung und bessere Laune versetzten. Pläne und neue Projekte waren das beste Remedium gegen seine »hypochondrischen Verfinsterungen« und gegen seine Krankheit.

Am 10. April fuhr Schiller mit Goethe nach Weimar, um die Endproben von ›Wallensteins Tod‹ zu leiten. Charlotte würde mit den Kindern nachkommen. Erneut gab es vor der Premiere fast täglich Gesellschaften im Hause Goethes, Caroline war dabei, und Charlotte von Kalb. Die Spannung wuchs. Ein jeder war gierig zu wissen, wie der ›Wallenstein‹ enden würde.

Am 20. April betritt Schiller zum dritten Mal in kurzer Zeit mit den Schwestern seine Loge und sieht mit ihnen, was er gedichtet hat.

»Wärs möglich? Könnte ich nicht mehr wie ich wollte?« fragt

sich Wallenstein, der bis dahin von Erfolg zu Erfolg in diesem dreißigjährigen Krieg geeilt war, der als Religionskrieg begonnen hatte, in dem es aber inzwischen um eine Neuordnung Mitteleuropas ging. Und mit dieser zweifelnden Frage Wallensteins beginnt schon sein Abstieg aus den Höhen des Erfolgs. Unsicherheit schleicht sich bei ihm ein. Er zögert, und wer zögert, hat den Krieg schon verloren, denn der ist eine Maschine, die immer bedient werden will. »Im Krieg ist die Welt dem Menschen nur Schicksal«, hat Schiller geschrieben, und das Schicksal besiegelt den Untergang Wallensteins. Seine Getreuen wenden sich von ihm ab, werden ermordet, er selbst auch, und nur Octavio Piccolomini bleibt in einer für ihn leeren Welt übrig, im »Haus des Mordes und Entsetzens«.

»Octavio erschrickt«, gibt Schillers Regieanweisung der letzten Szene an. Mit ihm erschrickt das Publikum und auch die beiden Frauen in der Loge des Dichters. Das Werk hat seine Wirkung getan, genau die, die Schiller erreichen wollte. Das Publikum ist betroffen, ist begeistert. So etwas hat es noch nicht gesehen. Das Theater ist an des Jahrhunderts Neige, wie es der Dichter im Prolog prophezeit hat, in eine neue Ära eingetreten.

Bevor es zu Ende ging, kam es in Jena aber noch zu einer Katastrophe im Leben der Charlotte Schiller. Keiner konnte oder wollte sie deuten.

Nervenfieber – Jahrhundertwende

Der Wallenstein hat eine außerordentliche Wirkung gemacht und auch die Unempfindlichsten mitgerissen«, konnte Schiller seinem Freund Körner melden. So beflügelt vom Erfolg, kehrte er nach Jena zurück, setzte sich sofort wieder an den Schreibtisch und begann damit, sein nächstes Schauspiel ›Maria Stuart‹ zu erarbeiten, auch um nicht wieder in ein temporäres Loch fehlender Tätigkeit mit folgenden schlechten Launen zu fallen. Das Theater hatte ihn endgültig wieder in Bann geschlagen. Obsessiv wird er sich ihm im neuen Jahrhundert zuwenden, das für Schiller nur von kurzer Dauer sein wird.

Das Theater war seine Bestimmung, das wußte er eigentlich seit seiner Jugend in der militärischen Pflanzschule, als er ›Die Räuber‹ schrieb. Das hatte er zwar nie vergessen, aber eine Zeitlang verdrängen können. Nun war es wieder zur Bühne seines Inneren geworden, die eines zweiten Lebens. Caroline von Wolzogen erörterte in diesen Monaten mit Schiller häufig Sinn und Nutzen des Theaters, wurde zu seiner Interpretin, wenn sie schrieb, daß Schiller mit dem Theater auch den Zuschauer »von den kleinen engen Ansichten des Egoismus« lösen wolle. »Das Anschauen des Theaters« wirke sehr auf seine Produktivität, notierte sie und »er bekomme neue Ansichten bei jeder Vorstellung, lerne Fehler zu vermeiden und die Lichtpunkte träten immer mehr hervor.«

Nur, in Jena gab es zwar eine der bedeutenden Universitäten der Zeit, aber kein Theater. So wuchs in Schiller der Wunsch, einen Teil des Jahres in Weimar, in der Nähe eines Theaters zu verbringen. Und in wessen Nähe zudem? Goethes? Carolines? Herzog Carl August hatte nach der Aufführung von ›Wallensteins Tod‹ Schiller in seine Loge einbestellt, ihn beglückwünscht und den Wunsch geäußert, er möge in Weimar Wohnsitz nehmen.

Betrieb auch Caroline seine Übersiedlung in ihre Nähe?

Goethe, der ihn vor elf Jahren zum Professor in Jena gemacht hatte, auch damit er keinen Dichterkonkurrenten in Weimar neben sich habe, wünschte Schiller nun ebenfalls zu sich, hoffte er doch, in ihm eine Unterstützung in der Leitung des Theaters zu haben und zugleich einen Hausautor, der ihm Erfolgsstücke wie den ›Wallenstein‹ liefere, denn ihm fiel an Schauspielen nicht mehr viel ein, arbeitete er zwar seit langem wieder am ›Faust‹, kam aber zu keinem Ende mit ihm.

In den Herbstwochen von 1799 unternahm er mit Schiller zahlreiche Kutschausflüge in die Umgebung Jenas und beriet mit ihm auch die Möglichkeit einer doppelten Haushaltsführung in Weimar und Jena, suchte eine Wohnung und fand bald eine, die der Charlotte von Kalb, die Weimar aus enttäuschter Liebe zu Jean Paul verlassen und sich auf ihr Gut Kalbsrieth zurückziehen wollte. Schiller besichtigte mit Lotte die Wohnung. Er kannte sie gut, hatte er doch mit Charlotte von Kalb manche intime Stunde in ihr verbracht. Charlotte wehrte sich zaghaft, wollte nicht dort einziehen, zumal Charlotte von Kalb Schillers einige ihm vertraute Möbel überlassen wollte, meinte, man könne die Spuren der anderen nicht auswischen, damit »man nicht mehr an sie erinnert wird«. Doch Schiller mietete die Wohnung.

In der Nacht des 11. Oktobers gebar Charlotte Schiller eine Tochter, die drei Tage später auf den Namen Karoline Henriette Luise getauft wurde. Doch eine Woche später war des bisherigen Lebens zuviel für sie. Ein Nervenfieber griff ihr Gemüt und ihren Körper an. Der wehrte sich gegen die Zumutungen in ihrem Leben mit Ohrensausen, Hautausschlag, Angstphantasien, Beklemmungen, Delirien und Tobsuchtsanfällen. Charlotte fiel mehrfach in Ohnmachten, hatte sie doch häufig ohnmächtig mit ansehen müssen, wie Schiller ihr Leben und ihre Liebe ausnutzte. Sie verstummte. Sprach nicht mehr. Die Ärzte wußten keinen Rat, Schiller auch nicht. »Meine Frau beunruhigt mich heute mehr als die ganze Zeit über. Sie ist gleichgültig gegenüber alles, und diese Gleichgültigkeit wechselt mit ängstlichen Besorgnissen und Grillen ab, als wenn sie nicht recht bei sich wäre. Sie klagt über ein Klingen und Zischen in den Ohren«, hatte Schiller Goethe zu Beginn der Krankheit gemeldet. Einige Tage später dann: »Gott weiß, wohin das alles noch führen soll, ich kenne keinen ähnlichen Fall.« Lottes Nervenfieber und ihr Verstummen war ein Aufschrei gegen ihr Leben, das sie so ausschließlich Schiller geopfert hatte. Die Aussicht, nach Weimar ziehen zu müssen, in die Stadt, wo sie ihre erste vergebliche Liebe mit dem Engländer Heron gelebt hatte, und in die Wohnung der ehemaligen Geliebten ihres Mannes, alimentierte zusätzlich ihr stummes Aufbegehren. Die ratlosen Ärzte suchten die Krankheit mit allen möglichen Mitteln zu kurieren, wobei die einzig wirksame Arznei eine Änderung ihres Lebens gewesen wäre. Sie verabreichten ihr Opium, Bilsenkraut, Moschus, Kampfer, Belladonna, Chinarinde, machten Salmiak- und Senfumschläge, versuchten es mit allen Mitteln der Natur, begriffen aber nicht die Natur der Frau.

Die Chère Mère, aus Rudolstadt herübergekommen, hielt abwechselnd mit ihrem Schwiegersohn Tag und Nacht Krankenwache. Charlotte ließ keinen anderen Menschen zu sich, auch Caroline nicht, die aber, da nervlich selbst anfällig, zur Krankenwache auch nicht in der Lage gewesen wäre. Als Charlotte wieder ein wenig ihre Sinne gefunden hatte, schrieb sie einen Brief an ihre Schwester, der aber noch von einiger Verwirrung zeugt: »Ich erwartete Dich heut vielleicht zu sehen, aber Du kamst nicht ... Es ist uns lange nicht wohl gewesen ... denn die Wirklichkeit liegt noch wie ein trüber Teppich über uns. Und es kommt vielleicht auch nichts mehr herüber«, fuhr sie nur noch für sie verständlich fort, verfiel in eine Todesphantasie: »Aber einsam unter Euch in den schönen Kranz je zu gehen ohne zu erblicken was mir lieb war, ist mir trauriger als je«, und erinnerte sich noch an einen tollen Hund, der in einem Traumgesicht Charlotte von Stein gebissen hatte, »und ich hörte in den vielen schlaflosen Nächten manche Stimme, die mir ahndungsvoll erschien, da die Stein so furchtsam ist, o wie gern befreite ich sie von allem«, schloß den Brief an die Schwester: »Vielleicht sehen wir uns wieder.«

Erst nach sechs Wochen milderte sich die Krankheit, und keiner verstand, was Charlotte Schiller mit ihr sagen wollte. Weiterhin wird sie sich ihrem Los fügen, aber zaghaft versuchen, auch ein eigenes Leben zu führen, das jedoch nur eines in der Literatur sein kann.

Ungeachtet der Krankheit seiner Frau unterzeichnete Schiller den Mietvertrag mit dem Perückenmacher Müller und bezog am letzten 3. Dezember des alten Jahrhunderts die ehemalige Wohnung der Charlotte von Kalb in der Windischengasse, erst einmal allein. Charlotte blieb noch im Haus ihrer Patentante von Stein, bevor sie mit den Kindern zu Schiller zog. Wenige Tage zuvor hatte der Verleger Cotta ihr in Aussicht gestellt, ihre Übersetzungen englischer Gedichte und Romanpassagen in der Zeitschrift ›Flora‹ zu veröffentlichen, neben Erzählungen ihrer Schwester Caroline.

Die Schillers hatten eine neue Wohnung, in Weimar, wo der Dichter nun, wie er es seit langem wünschte, endgültig reüssieren wollte. Das neue Jahrhundert konnte kommen.

*

Am Silvestermittag hatte Schiller in seinem Weimarer Domizil noch die Todesszene des Mortimer im neuen Drama ›Maria Stuart‹ zu Ende geschrieben, am Abend traf man sich bei Goethe, um in das neue Jahrhundert hineinzufeiern. Man begrüßte es nach einem »frugalen«, also einem bescheidenen Abendessen mit Punsch. Lotte war wieder dabei, Caroline auch, ihr Mann war hingegen in diplomatischer Mission von Carl August nach Rußland geschickt worden.

Am Neujahrstag besuchte man eine Oper, ›Cosa rara‹, und einen Tag später erfüllte Schiller Charlotte einen Wunsch. Sie wollte tanzen im neuen Jahrhundert. Und so begleitete Schiller, der ungern tanzte und wenn doch, dann nicht besonders geschickt, sie auf einen Neujahrsball. Ihr Leben sollte neu beginnen mit dem neuen Säkulum. Sie versuchte, ihrer Häuslichkeit und ihrer Gefangenschaft im Alltag etwas hinzuzufügen, begann, englische Romane wie ›Pamela‹ von Samuel Richardson zu übersetzen, in dem es um ein äußerst tugendhaftes Mädchen geht, das als Lohn für seine Tugend den als Ehemann erhält, der es verführen wollte. Oder sie widmete sich Denis Diderots Briefroman ›Die Nonne‹, der Geschichte einer jungen Frau, die dank eines jungen Geistlichen die Klostermauern überwinden kann. Zwar gab diese Tätigkeit des Übersetzens Charlotte einige Freude, änderte aber grundsätzlich nichts an ihrer Situation. Als im Februar auch Schiller an einem Nervenfieber erkrankte, das ihn ebenfalls in langanhaltende Halluzinationen und in Tobsuchtsanfälle stürzte, mußte sie sich vier Wochen lang völlig ihm widmen, mußte ihn pflegen, so als ob er ihre ganze Achtsamkeit einfordern wollte, und konnte ihren literarischen Arbeiten keine Aufmerksamkeit mehr schenken. »Schiller war recht krank, er phantasierte und war sehr matt. Was ich dabei gelitten habe, kannst Du fühlen«, teilte Lotte Friederike von Gleichen mit, »ich war oft so gedrückt, daß ich mich nach dem stillen Plätzchen sehnte, dem ich kaum erst entging«, und meinte damit ihre eigene Nervenkrankheit.

Zudem wird Charlotte immer im Schatten ihrer als Schriftstellerin erfolgreichen Schwester stehen, ihren Glanz wird sie niemals überstrahlen und ihrem Mann nichts – wie es Caroline vermag – entgegensetzen können. In einer weiteren diplomatischen Mission hatte Wilhelm von Wolzogen seinen Dienstherrn, den Herzog, nach Berlin begleiten müssen. Als er Königin Luise vorgestellt wurde, sprach sie ihn auf den Roman seiner Frau, auf ›Agnes von Lilien‹, an. Er mußte gestehen, er habe nur den ersten Teil gelesen. Daraufhin holte die Königin ihr in Maroquinleder gebundenes Exemplar, schrieb hinein »Dem Gemahl der liebenswürdigen Verfasserin zum ewigen Schimpf und Schande«, und ließ tagsdarauf alle Exemplare in den Berliner Buchhandlungen aufkaufen, damit Verleger Unger nachdrucken mußte.

Nachdem sein Nervenfieber abgeklungen war, konnte Schiller

sich selbst mit seinem festen Willen kaum mehr zur Arbeit zwingen. »Meine Krankheit muß sehr hart gewesen sein ... die Kräfte sind noch sehr weit zurück, daß ich mit Mühe die Treppen steige und nur mit zitternder Hand schreibe«, gab er Körner bekannt. Wie er Goethe schrieb, blieb ihm eine »Furchtsamkeit« zurück, nämlich die, daß sein Leben früher ende, als er es in seinem Werkplan vorgesehen hatte, führte er doch eine Liste der Werke, die er bis zu seinem fünfzigsten Lebensjahr schaffen wollte, denn länger glaubte er nicht zu leben. Also zwang er sich, die ›Maria Stuart‹ so schnell wie möglich zu beenden und zog sich Mitte Mai auf Schloß Ettersburg nördlich von Weimar zurück. Aber er litt an der Einsamkeit dort. Erst als man ihm zwölf Flaschen Laubthaler Wein schickte, konnte er sich damit so anfeuern, daß das Schauspiel nach einem Monat nahezu beendet war.

Die Uraufführung der ›Maria Stuart‹ am 14. Juni 1800 wurde wiederum ein großer Erfolg. Sofort setzte sich Schiller erneut an den Schreibtisch und begann sein nächstes Schauspiel. »Die Hauptsache ist der Fleiß, denn dieser gibt nicht nur die Mittel des Lebens, sondern er gibt ihm auch seinen alleinigen Wert«, stellte Schiller fest und geriet in einen Schreibrausch. Nun hatte er die ›Jungfrau von Orléans‹ anstelle seiner Frau, und die nahm ihren Sohn Ernst, fuhr mit ihm an die Stätte ihrer Kindheit und Jugend, nach Rudolstadt, blieb vierzehn Tage, während er in dichtungsfreien Stunden die Nähe ihrer Schwester suchte.

Die mußte dann auch im folgenden Jahr zwischen Schiller und dem Herzog vermitteln, als dieser die erste Aufführung der ›Jungfrau‹ verhindern wollte. Carl August wußte, sie war der Mensch in Weimar, der den besten Zugang zu Schiller hatte. Warum aber wollte der theaterbegeisterte und jeglicher Zensur abgeneigte Herzog die Aufführung verhindern?

»Mit Schrecken habe ich erfahren, daß Schiller ein Theaterstück, die Pucelle d'Orléans wirklich geschrieben hat; ich hatte davon munkeln hören, glaubte es aber nicht. Machen Sie doch, gnädige Frau, daß ich dieses Stück zu Gesichte bekomme, ehe es in die Welt tritt ... Das Sujet ist äußerst scabrös«, was meint heikel und anstößig, »und der Lächerlichkeit ausgesetzt.« In der Tat wäre der Herzog selbst der Lächerlichkeit preisgegeben worden, wäre es in Weimar auf die Bühne gekommen. Doch warum nur? Caroline Jagemann, die erste Schauspielerin des Theaters, war eine Maitresse des Herzogs, was ein jeder wußte. Hätte aber ausgerechnet sie die Jungfrau gespielt, wäre Spott nicht ausgeblieben, hätte die Rolle eine andere Schauspielerin übernommen, hätte alle Welt gewußt, warum die Jagemann sie nicht spielt.

Caroline vermittelte und schickte dem Herzog wie von ihm erbeten, das Manuskript der ›Jungfrau von Orléans‹. Der lobte daraufhin die Sprache des Schauspiels, »die betrübte deutsche Sprache ist in die schönste Melodie gezwungen«, doch, »wenn es die fatale Reise« auf die Bühne antrete, werde die Sprache Schaden nehmen, denn es sei eigentlich ein Poem, das für »die feinsten Augenblicke der Einsamkeit« gedacht sei. Caroline von Wolzogen hatte verstanden, und Schiller mit ihr, warum die ›Jungfrau‹ nicht in Weimar auf die Bühne kommen konnte, und Carl August hatte dank Schillers Schwägerin den Eindruck vermeiden können, er übe Zensur aus. »Sie haben mir einen ordentlichen Stein vom Herzen genommen«, sagte der Herzog ihr Dank, denn »Mißverständnisse, die recht betrübt werden können«, seien nun vermieden worden. So kam es nicht in Weimar, sondern in Leipzig zur Premiere von Schillers neuem Schauspiel.

Dort sah Schiller mit Lotte und Caroline und seinem Freund Körner die ›Jungfrau von Orléans‹. Er hatte mit Frau und Kindern eine Erholungsreise nach Bad Doberan geplant, wollte dann über Berlin nach Dresden, den Freund nach so langem wiedersehen, doch er gab den Plan wegen seiner Krankheit auf und fuhr Mitte August 1801 nur nach Dresden, und Caroline war dabei. Man verlebte einen guten Monat im Loschwitzer Sommerhaus Körners über der Elbe, wo Schiller als Junggeselle vor Jahren heitere Wochen im Freundschaftsbund verbracht hatte. Schiller las dem Freund, Charlotte, Caroline und Minna Körner neue Gedichte wie ›Hero und Leander‹ und Dramenszenen vor, teilte ihnen den Plan zur ›Braut von Messina‹ mit und war ganz Dichter zwischen den drei Frauen und dem Freund.

Auf der Rückfahrt macht man halt in Leipzig und sieht die

dritte Aufführung der ›Jungfrau von Orléans‹ im Schauspielhaus an der Ranstädter Bastei. Sie wird zu einem Triumph. Denn kaum ist der Vorhang gefallen über Tod und Verklärung des Mädchens von Orléans und ihr letztes Wort gesprochen: »Kurz ist der Schmerz und ewig ist die Freude!«, da bricht Jubel los, man ruft ein mehrfaches und vielstimmiges Vivat, unterstützt vom Paukenwirbel der Musiker, und als Schiller aus dem Theater tritt, ist der Platz davor schwarz vor Menschen. Die Männer ziehen den Hut, heben Kinder hoch, zeigen auf den Dichter: »Da ist er.« Ein Zug von Verehrern begleitet Schiller und die Schwestern bis zu ihrem Quartier, dem »Hotel de Bavière«.

Zwei Tage später brach man Richtung Weimar auf, Schiller nahm Abschied von seinem Freund Körner. Sie werden sich nicht wiedersehen.

Gunst des Augenblicks

Der Winter stand vor der Tür, der Schillers Gesundheit und Gemüt besonders anzugreifen drohte. Dazu kam, er konnte sich nicht entscheiden, welches der Schauspiele er beginnen sollte, die er wie ein Buchhalter in eine Dramenliste eingetragen hatte. ›Die Braut von Messina‹, das Drama der feindlichen Brüder, ›Demetrius‹, die Tragödie eines falschen Zaren, ›Warbeck‹, die Geschichte eines Betrügers, ›Agrippina‹, die Tragödie der Mutter Neros, oder die ›Polizei‹, eine Komödie über den Pariser Untergrund? War Schiller aber ohne Tätigkeit, denn nur die konnte ihn retten, dann drohten Krankheit, trübe Gedanken und böse Launen, die seine Umgebung auszuhalten hatte. Da auch Goethe wieder einmal nicht zur Dichtung fand, gründete er ein »Mittwochskränzchen«, zu dem er Adlige und Nichtadlige einlud, um den langen Winter von Weimar zu überstehen. Das kam Schiller gerade recht. »Cour d'amour« nannte Goethe seinen Club auch.

Was aber ereignete sich in diesem »Liebeshof«? »Es geht recht vergnügt dabei zu . . . Wir lassen uns nicht stören«, verriet Schiller Körner, »es wird fleißig gesungen und pokuliert«, was hieß, man becherte aus Pokalen. Vor allem aber machte Goethe sich einen Spaß daraus, an den Mittwochnachmittagen bis in den Abend hinein, Paare zusammenzuwürfeln, die legal nicht zusammengehörten, aber hätten zusammenfinden können, hätte die Gunst eines Augenblicks anders entschieden oder würde nun neu entschieden. »Pärchenclub« ohne Paarung also. Sieben wahlverwandte Paare waren dabei. So führte er sich selbst zusammen mit der jungen Henriette von Egloffstein, Lotte Schiller mit Wilhelm von Wolzogen und Caroline natürlich mit Schiller, wußte doch ein jeder um ihre verborgene Leidenschaft zueinander.

Das Spiel von Liebe und Zufall spielte Caroline mit besonderer Lust, die anderen häufig mit gespielter Gleichgültigkeit, und Henriette von Egloffstein wird gar ein persönliches Drama inszenieren. Man trank, dichtete, sang die »lyrischen Kleinigkeiten«, die man gedichtet hatte, warf Augen-Blicke einander zu, die versteckte Liebe preisgaben, hoffte und wartete auf die Gunst des anderen. Schiller gab sein Gedicht, das ihm die Gelegenheit eingab, zum besten: ›Die Gunst des Augenblicks‹.

> Und so finden wir uns wieder
> In dem heitern bunten Reihn,
> Und es soll der Kranz der Lieder
> Frisch und grün geflochten sein.

»Aber wem der Götter bringen/ Wir des Liedes ersten Zoll« fragt er, antwortet:

> Aus den Wolken muß es fallen,
> Aus der Götter Schoß das Glück,
> Und der mächtigste von allen
> Herrschern ist der Augenblick.

Aber der Dichter verfällt in Melancholie, weiß er doch, daß die Gunst des Augenblicks trügerisch ist, denn er verglüht so schnell:

> So ist jede schöne Gabe
> Flüchtig wie des Blitzes Schein
> Schnell in ihrem düstern Grabe
> Schließt die Nacht sie wieder ein.

Denn die Augen-Blicke des Cour d'amour waren nur kurze Blitze, sie hielten der Wirklichkeit nicht stand, spätestens am Donnerstag morgen nach dem Mittwochskränzchen folgte die Ernüchterung. Henriette von Egloffstein wird in ihren Memoiren dem Liebesspiel noch ein dramatisches Nachspiel widmen.

Charlotte von Stein hatte ja den Plan gehabt, sie mit Goethe zu verheiraten, auch damit der sich von der Vulpius trenne. Daraufhin hatte sie sich als junges Mädchen in den für sie alten Dichter schon hineinverliebt. Doch der hielt an seiner Christiane fest. In diesem Cour d'amour aber machte er ihr den Hof, und sie spielte die von seinen Avancen Gelangweilte und entzog sich, möglicherweise wider Willen, seiner Liebeswerbung und machte das in ihrer Schrift ›Das ästhetische Weimar und seine erhabenen Begründer‹ öffentlich.

Das Frühjahr beendete dann aber das Spiel von Liebe und Zufall. Ein letztes Mal fand der Liebeshof am Frauenplan am 24. Februar 1802 statt, wobei man auch den Erbprinzen Karl Friedrich verabschiedete, den von Wolzogen bei seiner Kavaliersreise nach Paris begleiten würde. Schiller schrieb zum Abschied des Prinzen noch eins seiner peinlich schlechten Gelegenheitsgedichte. »Viel ist nicht dran«, meinte er zu ihnen selbst, »die Prosa des wirklichen Lebens hängt sich bleischwer an die Phantasie«, und widmete sich wieder der Dichtung seines zweiten Lebens, des Theaters.

*

Doch bevor Schiller ›Die Braut von Messina‹ beenden wird, griffen noch zwei Ereignisse in sein Leben ein, die den Alltag der Familie veränderten. Die Wohnung in der Windischengasse war allmählich zu eng geworden, Vater Schiller fand kaum Ruhe zu dichten, die Kinder keinen Platz zu spielen. So ergriff Schiller die Gelegenheit, im April 1802 das Haus des Engländers Joseph Charles Mellish zu kaufen, um ein sicheres Zuhause für das weitere Leben in Weimar zu haben, mußte sich dafür aber erneut verschulden. Es lag auf der Esplanade, einer Promenade ein wenig außerhalb der eigentlichen Stadt, war von Bäumen gesäumt und führte zum Theater. Das Haus war geräumiger und lichter als die bisherige Wohnung, hier konnte die Familie auch Gäste empfangen. Im Vergleich zu Goethes großzügigem Haus mit anschließendem Garten war es kleiner und kleinbürgerlicher eingerichtet. Im Lebensstil konnte und wollte Schiller auch nicht mit Goethe konkurrieren. Er selbst machte aus der Dachstube sein Poetenheim, die Familie bewohnte mit den beiden Bediensteten die zwei unteren Etagen. »Seine Zimmer hatten die Mittags- und Morgensonne. Ein karmesinseidener Vorhang war vor dem Fenster, an dem sein Arbeitstisch stand, angebracht. Er sagte uns«, wird die Schwägerin berichten, »daß der rötliche Schimmer belebend auf seine produktive Stimmung wirke.« Reichte das nicht, so waren in den Schubladen immer noch die faulenden Äpfel, deren Geruch ihn animierte, oder Charlotte brachte starken Kaffee oder Alkohol aus dem Keller nach oben, in dem immerhin einundsechzig Flaschen Malaga, zweiundzwanzig Champagner-, fünfunddreißig Burgunder- und vierunddreißig Frankenweinflaschen neben weiteren Alkoholika lagerten, wie eine Liste auswies.

Zum Eigenheim kam ein halbes Jahr später der Adelstitel hinzu. Von Schiller konnte sich die Familie jetzt nennen. Einige Damen der Weimarer Adelssociété, darunter Charlotte von Stein und Caroline von Wolzogen, hatten sich beim Herzog dafür eingesetzt, die Schillers zu adeln, damit Charlotte, die ja für ihren Dichter auf den Adelstitel verzichtet hatte, mit ihrer Schwester gleichgestellt sei und auch zu Hofe gehen konnte, was Nichtadligen nur in Ausnahmefällen möglich war. »Für mich freilich ist nicht viel gewonnen«, meinte Schiller Körner mitteilen zu müssen, und an Wilhelm von Humboldt schrieb er amüsiert: »Sie werden gelacht haben, da Sie von unsrer Standeserhöhung hörten, und da es geschehen ist, so kann ich's um der Lolo und der Kinder willen mir auch gefallen lassen. Lolo ist jetzt recht in ihrem Element, da sie mit ihrer Schleppe am Hofe herumschwänzelt.«

Er selbst verkroch sich in seine neue Dichterstube, um ›Die Braut von Messina‹ zu vollenden, immer wieder unterbrochen durch Krankheitsanfälle, die er nun mit einer Eselsmilchkur zu kurieren suchte. Doch am Silvesterabend konnte er seiner Frau, der Schwägerin und der Schwiegermutter einige Akte vortragen und ging beschwingt ins neue Jahr. Bevor das Schauspiel auf die Bühne kam, feierte man wieder einmal Karneval in Weimar. Bei einem Maskenfest hatten sich die Narren als eine Figur aus

Schillers Werken zu verkleiden. So ging Prinzessin Karoline als Braut von Messina, Amalie von Imhoff als Kassandra, »Unter der Tanzenden Reihn, eine Trauernde, wandelt Kassandra / Mit dem Lorbeer Apolls kränzt sie die Göttliche Stirn / Auch die Trauer ist schön, wenn sie göttlich ist«, bedichtete Schiller die selbst auch dichtende Adlige in ihrem Kostüm. Kurz zuvor hatte er nämlich ein episches Gedicht zu der Griechen Seherin verfaßt, eine lange Klage der Sehenden zwischen all den Blinden, die ihre Feste feiern und das drohende Unheil nicht wahrnehmen wollen – das ja wenige Jahre später mit der Eroberung und Plünderung durch die Franzosen auch Weimar bevorstehen wird –, die aber darob das Orakel bittet, sie wieder mit Blindheit zu schlagen:

Meine Blindheit gib mir wieder
Und den fröhlich dunklen Sinn,
Nimmer sang' ich freud'ge Lieder
Seit ich deine Stimme bin.

Mit der ›Braut von Messina‹ meinte Schiller sein bedeutendstes und gelungenstes Schauspiel geschaffen zu haben, das ihm auch eine Art Jungbrunnen war. »Die ganz neue Form hat mich verjüngt«, hatte er doch erstmals allein aus der Erfindung heraus gedichtet und eine strenge Form der Sprache und der Handlung gewählt, die das Vorbild des antiken Dramas erreichen wollte. Es ist die Geschichte zweier verfeindeter Brüder, die ihrer Schwester begegnen, nicht wissend, daß sie es ist, sich beide in sie verlieben, was sie in Schuld und Tod führt. Die Uraufführung, in der der kleine Herr K., Schillers neunjähriger Sohn Karl, als ein Page mitwirken durfte, wurde vom jungen studentischen Teil des Publikums heftig gefeiert, sogar mit im Beisein des Herzogs untersagten Vivatrufen, ein Eklat mit Folgen, doch für die meisten Zuschauer war das neue Schauspiel Schillers zu wenig natürlich, zu lebensfern. Der Dichter grämte sich und fühlte sich ob der Kritik gleich in einem »Krieg mit der ganzen Welt«, wie er an Iffland nach Berlin schrieb. Und in seiner Verzweiflung teilte er Humboldt mit: »Allein kann ich nichts machen«, und hatte zuvor schon an ihn geschrieben: »Wenn Goethe noch den Glauben an die Möglichkeit von etwas Gutem und eine Konsequenz in seinem Tun hätte, so könnte hier in Weimar noch manches realisiert werden, in der Kunst überhaupt und besonders im Dramatischen.« Aber Goethe hatte schon resigniert, war wieder einmal in einer Schaffenskrise, ließ sich bei Schiller nur noch selten blicken, weshalb sich der seinem Freund Humboldt anvertraute, der inzwischen in Rom lebte. Und so folgerte er: »Oft treibt es mich, mich in der Welt nach einem anderen Wohnort und Wirkungskreis umzusehen.« Aber wohin sollte sich Schiller wenden, der so wenig weltläufig war, so eingeschränkt durch seine Krankheit und daher abhängig von einem sicheren Hort, den die Familie und vor allem Charlotte ihm bot? Die fehlende Aussicht auf eine verlockende Zukunft, der magere Erfolg der ›Braut von Messina‹ verfinsterten sein Gemüt, und die Resignation ließ ihn in dem Gedicht ›Der Pilgrim‹ schreiben:

Abend ward's und wurde Morgen,
Nimmer, nimmer stand ich still,
Aber immer blieb's verborgen,
Was ich suche, was ich will.

Das bittere Resümee eines Menschen, eines Dichters, der seinem Körper sein Werk hat hart abringen müssen, Minute für Minute und nun in dem, was er getan, was er noch tun kann, keinen Sinn mehr fand. Aufheiterung erfuhr Schiller indes bald, als er nach Bad Lauchstädt in den Sommer gefahren war, um seinem Gemüt, seinem Körper Nahrung zu geben. Dort spielte das Weimarer Schauspielensemble im Kurtheater die Stücke Schillers, die nicht nur triumphal aufgenommen wurden, man gab dem berühmten Dichter vor dem Fenster seines Hotelzimmer Ständchen am Abend, Ständchen am Morgen, was er stolz seiner Ehefrau meldete, die mit den Kindern daheim geblieben war. Auch verfolgte man Schiller auf Schritt und Tritt, gar bis ins Kaffeehaus hinein, wie der Dichter Friedrich de la Motte Fouqué, der selbst zu den Verfolgern gehörte, in seiner ›Lebensgeschichte‹ notiert. So einigermaßen wieder ermuntert, setzte sich Schiller nach der Rückkehr aus Bad Lauchstädt an den ›Wilhelm Tell‹, mit dem er ein Schauspiel auf Erfolg schreiben wollte und damit aber auch seine ästhetischen Überzeugungen verriet. Da er selbst nie in der Schweiz gewesen war, suchte er sich mit allerlei Karten und Wegbeschreibungen ein Bild des Landes zu machen, konnte aber auch von den Erzählungen Charlottes und vor allem Carolines zehren, die ja mehrfach das Land aufgesucht und auch Reisebeschreibungen verfaßt hatte. Mitten in den Winter und in seine Arbeit platzte aber die große Welt nach Weimar, die Französin Madame de Staël und ihr Begleiter Benjamin Constant, wie sie ebenfalls Schriftsteller. Zwar war sie mit ihren Romanen und Essays eine Berühmtheit geworden, aber sie redete so viel, daß Schiller meinte, man müsse sich ganz in ein Hörorgan verwandeln, um ihr folgen zu können, nannte sie zugleich jedoch die geistreichste Frau, die ihm je begegnet sei. Bald allerdings mied er sie, weil er sich ihr kaum gewachsen fühlte und zudem um seinen ›Tell‹ fürchtete, raubte sie ihm doch Zeit und Nerven, so daß er sie »tausendmal verwünscht« hatte. Als sie Weimar für Berlin verließ, konnte er das Schauspiel endlich beenden. Die Premiere am 17. März geriet wieder zum einhelligen Erfolg, und ›Wilhelm Tell‹ wurde das wohl populärste Stück Schillers. Der konnte sich aber nicht so richtig freuen, fühlte er doch einen Verrat an sich selbst, fühlte sich auch weiterhin einsam, da Goethe ihm kaum noch Anregungen geben konnte. Vor allem Caroline fehlte ihm, war sie doch seit einiger Zeit aus Weimar verschwunden. Sie hielt es in der kleinen Stadt an der Ilm nicht mehr aus und hatte sich, zumal sich ihr Mann in Rußland auf diplomatischer Mission befand, die Freiheit genommen, nach Dresden zu gehen. Auch Schiller würde bald Weimar fliehen, aber nur für kurze Zeit, und mit Charlotte, ohne Caroline.

Kleine Fluchten – Paris, Berlin

Bevor Caroline nach Dresden gegangen war, hatte sie schon ihre kleinen Freiheiten in Paris gelebt, wohin sie ihrem Mann gefolgt war, der dort mit dem Weimarer Erbprinzen weilte. Der hatte die Kavaliersreise wörtlich genommen, indem er sich als Kavalier der Frauen auszeichnete, sich gar eine Maitresse in Paris zulegte, was aber nicht bekannt werden durfte, da er aus diplomatischen Gründen als Ehemann einer Zarentochter auserkoren war.

Carolines Ehemann, der den Prinzen beaufsichtigen sollte, der sich aber nicht beaufsichtigen ließ, langweilte sich in Paris und wurde krank. Henriette von Knebel, eine der obersten Tratschtanten von Weimar, hielt ihn eh nicht für geeignet: »Der Begleiter auf seiner Reise ist Wolzogen, dessen eigentlicher Charakter Schlauheit ist ... Für mich ist er eine wahre italienische Maske aus der Komödie.« Caroline hielt sich gerade in Bauerbach auf, als ihr Mann sie bat, schnellstens nach Paris zu kommen. Sie schrieb an die Schwester: »Beste Lollo! Ein Brief vom Alten hat mich zur schnellen Abreise bestimmt. Er betreibt jetzt meine Ankunft mit eben der Heftigkeit, wie sonst das Gegenteil.« Sie bat die Schwester noch, in Weimar ihren Aufbruch nach Paris nicht zu verraten, da eine Kavaliersreise grundsätzlich ohne Damenbegleitung vonstatten zu gehen hatte. Doch das fiel Charlotte schwer, war sie doch äußerst geschwätzig. Caroline gab vor, in die Schweiz zu fahren, nahm aber den langen Weg nach Paris. Bald schon berichtete sie Schiller aus der Stadt an der Seine: »Du kannst jetzt sagen, wer fragt, daß ich hier wäre, ganz für mich lebte ... daß ich Wolzogen wenig und den Prinzen ganz und gar nicht sähe.« Sie lebte eine Freiheit, wie sie sie vorher nie gekannt hatte, tauchte unter in der Stadt der Liebe und des Lebens, führte ein untergründiges Liebesleben. »Wenn man nur einen Begriff von dem hiesigen Leben hat, wo es tausendmal leichter ist sich zu meiden als zu finden«, teilte sie lustvoll mit und fand in Paris einen Liebhaber, der zu den schillerndsten Figuren der Metropole zählte, was sie Schiller aber nicht verriet, den Grafen Gustav von Schlabrendorf. Ihre Freundin Karoline von Humboldt hatte ihr schon viel von ihm erzählt, war angezogen von dem seltsamen Einzelgänger, den Varnhagen von Ense einen »heimatfremden Bürger« nennt. Nun folgte sie der Spur zu ihm, die die Freundin ihr in Herz und Körper gelegt hatte. Der nunmehr zweiundfünfzigjährige Graf hatte den Revolutionsterror nur aus Zufall überstanden, da er, als er zur Guillotine geführt werden sollte, seine Schuhe nicht gefunden hatte, so erzählt die Anekdote. Seitdem lebte er exzessiv sein so verlängertes Leben. Und im Pariser Sommer von 1802 lebte er es mit Caroline von Wolzogen, die sich ihm hingab. Sie war fasziniert von dem, der alle faszinierte, sie schrieb an ihre Schwester und an Schiller, indes nur die halbe Wahrheit: »Schlabrendorf seh ich hier viel. Er ist ein Mensch von großer Tiefe ... Ich hörte selten schöner sprechen ... so klar und frei liegen alle Verhältnisse vor ihm und sein eigenes Leben ... Das Sprechen ist sein Element, denn sonst hatte er eine unglaubliche Trägheit und ist so cynisch im Anzug, daß es fast degoutant ist.« Gerade das aber, seine Unbekümmertheit im Umgang mit sich selbst, seine Ungepflegtheit, sein Laissez-aller, ist eine erotische Verlockung für viele Frauen gewesen, so für Karoline von Humboldt, so nun auch für Caroline, die überdies den Schillers Paris exaltiert pries. Das wird die beiden Weimarer Nesthocker mit Neid erfüllt haben, Schiller womöglich noch mit einem Schuß Eifersucht auf den Konkurrenten um Caroline.

Aber die Liaison mit Caroline von Wolzogen war für Graf Schlabrendorf nur eine weitere Episode in seinem Pariser Leben. Schon kurz nach ihren ersten intimen Rendezvous stellte der Lebemann ihr gegenüber klar: »Zuerst hofft man Liebe, dann sucht man sie, zuletzt schwatzt man gern davon.« Und der Briefwechsel beider, der bis zu seinem Tod andauert, zeugt von diesem Schwatzen, das aber auf einem hochliterarischen Niveau stattfindet. Caroline hoffte indes auf eine längere Liaison, die er aber nicht wollte. So mußte sie nach dem Ende der Kavalierssreise des Prinzen mit ihrem Mann Paris verlassen. Wenige Tage zuvor schrieb sie am 8. Oktober an Schlabrendorf: »Meine Hand zittert, indem ich dies Blatt nehme Dir zu schreiben, lieber lieber Gustav. Mir ist's als stünd' ich in Deiner Gegenwart.«

Sie verließ Paris aber nicht, um nach Weimar zurückzukehren, sondern fuhr nach Süddeutschland, weil sie sich damit Paris und ihm näher glaubte: »Welche Sehnsucht haben diese wunderbaren Tage in meiner Brust zurückgelassen ... Mit Trauern sah ich meine geschwollene Lippe verschwinden, das letzte sinnliche Zeichen meines Glücks«, und ließ so keinen Zweifel an ihrer heftigen Liebe aufkommen. Aus Heidelberg flehte sie ihn an: »Ach komm, lieber Gustav«, aber der Graf kam nicht. Er blieb in Paris. »Ich muß mit gebrochenem Herzen leben«, vertraute sie ihm an, sie könne nicht auf immer in Paris in seiner Nähe leben, »ohne daß es zu einer Explosion käme«, zumal sie einst »in dem sonderbarsten Drang der Umstände Gelübde« abgelegt habe und meinte wohl jenen Moment, als Wilhelm von Wolzogen sie aus höchster Not gerettet und geheiratet habe. »Alles könntest Du mir sein«, bestätigte sie dem Grafen noch einmal, aber eben nur »könnte«, denn sie wußte, Schlabrendorf suchte keine Frau zum Leben, er suchte deren viele, und wußte zudem, sie könnte sich nie dauerhaft von Schiller trennen. Ihre Schwester Charlotte hingegen tadelte wieder einmal den freizügigen Lebenswandel Carolines, nachdem sie sich auch noch allein in Süddeutschland herumtrieb. Die entgegnete ihr auf die Vorwürfe knapp: »Ich lebe anständig.« Und Lotte antwortete wieder leicht boshaft, vielleicht auch neidisch: »Die Frau reist für uns alle.« Schließlich war Caroline doch zurückgekehrt, sah nach dem Ausflug in die große Welt die kleine Welt von Weimar, mußte mit ihrem »gebrochenen Herzen« das schale häusliche Glück ihres Dichters mit der Schwester tagtäglich mit anschauen, floh im Sommer 1803 erneut, nach Dresden, wo ihre Freiheit aber nicht annähernd so aufregend war wie in Paris.

*

Schillers Flucht nach Berlin war keine Suche nach Freiheit, sondern vielmehr Suche nach größerer Sicherheit und Anerkennung. »Auch ich verliere hier zuweilen die Geduld, es gefällt mir hier mit jedem Tag schlechter, und ich bin nicht willens, in Weimar zu sterben«, hatte er an Humboldt geschrieben und urplötzlich am 26. April 1804 mit den beiden Söhnen und seiner Frau Weimar verlassen und tagsdarauf Leipzig erreicht, wo gerade Buchmesse war und er seine Verleger traf.

Zwei Tage später brach er wieder auf, gelangte abends nach Potsdam, wo er am Stadttor von einem Wachposten auf seine Gedichte angesprochen wurde, was die ganze Familie mit Stolz erfüllte, ja so berühmt war das Familienoberhaupt.

Am 1. Mai, einem Dienstag, fahren Schillers durch das Brandenburger Tor in die Königsstadt ein, steigen im besten Hotel am Platz, dem »Hotel de Russie« Unter den Linden ab. Turbulente Tage folgen, denn schnell spricht es sich herum, Schiller ist da. Besuch auf Besuch folgt bei den Berühmtheiten der Stadt, bei dem Arzt Hufeland, bei Zelter, dem Direktor der Singakademie, bei Iffland, dem Theaterdirektor, mal mit Charlotte, häufig ohne sie. Iffland ändert schnell den Spielplan des Schauspielhauses, setzt Schillers Stücke an, zuerst die ›Braut von Messina‹ für den Freitag. Als der Dichter in der Loge erscheint, bricht Jubel los. Es folgen wahre Schiller-Festspiele in den vierzehn Tagen, die er in Berlin verbringt. Am Samstag gibt Prinz Louis Ferdinand, der auch Komponist ist, ein Essen für Schiller mit Gattin. Er hat erkunden lassen, welchen Wein der Dichter am liebsten trinkt, den Montrachet, einen weißen Burgunder, und Schiller trinkt reichlich und ißt viel. Zuviel. Er wird krank.

Iffland löst ihn im Hotel aus, nimmt ihn in seinem Stadthaus in der Friedrichstraße auf, wo er sich auskurieren kann, bevor das Berliner Leben weitergeht. Am 13. Mai lädt Königin Luise die Schillers ins Schloß zu einer Audienz ein. Man kennt sich schon, denn die kunstsinnige Königin war mit ihrem weniger kunstsinnigen Mann Friedrich Wilhelm III. schon nach Weimar gereist, um eine Aufführung des ›Wallenstein‹ zu sehen, wobei der Dichter dem Königspaar vorgestellt worden war. Luise liebt die Kün-

Friedrich Schiller, 1804

ste und die Künstler, und die sie. Sie kennt ganze Passagen aus Schillers Dramen auswendig, vor allem aus ›Maria Stuart‹. Das gefällt dem Dichter, und Lotte auch. Würde die Königin Schiller gern nach Berlin ziehen? Und hat der auf diese Begegnung gehofft? Ist das der eigentliche Grund seiner vielleicht gar nicht so spontanen Berlinreise? Schiller sucht ja nicht nur einen neuen Wirkungskreis, er sucht auch eine Absicherung seiner Familie, die nach seinem Tod auch die Zukunft der Kinder garantiert, und die er eher in der Königsstadt zu finden glaubt, als im armen Weimar. Und er glaubt richtig.

Nach einem anregenden Gespräch trennte man sich, wird sich aber noch einmal wiedersehen. In den letzten fünf Berliner Tagen spielte das Theater zum zweiten Mal während Schillers Anwesenheit ›Die Jungfrau von Orléans‹ und ›Wallensteins Tod‹ mit Iffland in der Titelrolle. Schiller saß dem Hofbildhauer Johann

Gottfried Schadow Modell, der zeichnete ihn in Kreide. Man sieht einen für sein Alter von vierundvierzig Jahren alten Mann. »Seine bleiche Farbe und das rötliche Haar störten einigermaßen den Eindruck«, stellte Henriette Herz fest, als Schiller mit Lotte im Salon der mit einem Berliner Arzt verheirateten schönen Portugiesin eingeladen war, wo das geistige Tout-Berlin verkehrt. Sie hatte mit Wilhelm von Humboldt und Karoline, als sie noch von Dacheröden hieß, in einem Tugendbund gelebt, und kannte auch Lottes Schwester Caroline. Neugierig wie Henriette Herz war, fragte sie Schiller aus, nach seinen Plänen und nach seinen Bekannten. »Zu meinem Erstaunen stellte er sich in der Unterhaltung als sehr lebenskluger Mann dar, der namentlich höchst vorsichtig in seinen Äußerungen über Personen war, wenn er irgendwie glaubte, Anstoß zu erregen.« Da half Charlotte nach, die ihren »feingesponnenen« Fragen nicht gewachsen war und plauderte aus, was ihr Mann nicht sagen wollte.

Wenige hundert Meter von seinem Berliner Domizil bei Iffland entfernt, lebte am Hackeschen Markt seit kurzem Charlotte von Kalb. Seine ehemalige Geliebte suchte Schiller nicht auf.

Am Morgen des 17. Mai verließ Familie Schiller Berlin, machte halt in Potsdam, wo es im Schloß Sanssouci das Königspaar zum Frühstück traf. Die Dichterkinder spielten mit den Königskindern im Garten, während man im Salon plauderte und die Zukunft beriet. Dann verhandelte Schiller mit dem königlichen Kabinettsrat Karl Friedrich Beyme. Der Dichter hatte seine Einkünfte in Weimar bis in das Jahr 1809, seinem vom ihm prognostizierten Todesjahr, genau ausgerechnet. Das reichte nicht weit. Also wußte er genau, was er zu fordern hatte, wenn man ihn in Berlin halten wollte. Eine Pension von dreitausend Talern und eine Hofequipage, damit er sich in der großen Stadt bewegen könne. Beyme akzeptierte. Schiller bat sich Bedenkzeit aus, reiste ab.

Tod zwischen Schwestern

Die Bedenkzeit war kurz, denn schon auf der Rückfahrt nach Weimar tauchten Bedenken auf, vor allem in Charlotte von Schiller, die sie rückblickend Fritz von Stein mitteilt: »Ich wollte und durfte nicht nein sagen, denn ich wollte Schiller seine Freiheit lassen und nichts für mich selber wünschen, da es die Existenz meiner Familie betraf, aber ich wäre recht unglücklich in Berlin gewesen. Die Natur dort hätte mich zur Verzweiflung gebracht.« Sie wünschte zwar ausdrücklich nichts für sich, aber in ihrer dezenten Art konnte sie dennoch klarmachen, was sie wünschte und damit Druck ausüben, auch auf Schiller, der sich abhängig von ihrer Fürsorge wußte. »Ich weinte fast«, fügte sie noch hinzu, als sie die Hügel um Weimar herum gesehen habe, »ich hatte Fieber und Angst«, Angst vor einer ungewissen Situation, die Berlin für sie und die Familie bedeutet hätte, zumal sie erneut schwanger war. Sie fürchtete die Fremde und die Kälte einer großen Stadt, wie Schiller auch, der ja immer Provinzmensch war und die Behaglichkeit suchte. Diese hatte ihm Lotte in Weimar geschaffen, hatte einen Kokon um Schiller und die Familie gesponnen, der zudem vom Herzog alimentiert wurde. So ging Schiller mit dem Angebot aus Berlin in der Tasche in Verhandlungen mit Herzog Carl August, erhielt mit achthundert Talern eine Verdoppelung seiner Zuwendung und gab sich damit zufrieden.

»Es ist dort eine große persönliche Freiheit und eine Ungezwungenheit im bürgerlichen Leben«, schrieb Schiller über Berlin an Körner und lobte das Musik- und Theaterleben, aber: »Auf der anderen Seite zerreiße ich ungern alte Verhältnisse«, und blieb in Weimar. Man renovierte das Haus an der Esplanade und kaufte neue Möbel, neue Matratzen. »Die Ruhe um mich her und die größere Bequemlichkeit tun mir wohl«, schrieb er, und das bisherige gemessene Leben konnte fortdauern, indes nicht mehr lange.

Die Zeit wurde knapp für das Werk, das Schiller noch schaffen wollte. Da überfiel ihn im Juli eine solch heftige Unterleibskolik, daß die Ärzte glaubten, ihn nicht mehr am Leben halten zu können. Am Tag darauf gebar Charlotte eine Tochter, deren Vater aber noch daniederlag und sich nicht freuen, sich kaum am Leben halten konnte. Die Krankheit wich, hinterließ aber in Schiller eine große Mattigkeit, die mit Mutlosigkeit einherging, die er gegenüber dem ebenfalls kranken Goethe beklagte. So konnte er sich auch nicht dazu aufraffen, sein neues Drama ›Demetrius‹ weiterzudichten.

In Heinrich Voß, dem Sohn des berühmten Altphilologen und Homerübersetzers, hatte Schiller einen neuen Vertrauten gefunden. Der um zwanzig Jahre Jüngere, der nun am Weimarer Gymnasium unterrichtete, bewunderte ihn, wachte an seinem Krankenbett, aber auch an dem Goethes, so daß er oft von der Esplanade zum Frauenplan hinüberlaufen mußte und wieder zurück, damit er beiden kranken Dichtern Zuspruch geben konnte. Schiller sah in ihm auch das Bild der eigenen Jugend, und Voß schaffte es, den Dichter für kurze Stunden auch zu verjüngen und ihm ein wenig Freude am Leben zu verschaffen. So trafen sie sich eines Oktoberabends bei einem Fest, worüber Voß an Berliner Freunde berichtet: »Heute vor drei Wochen war Maskerade ... da klopfte mir einer auf die Schulter; ich sah mich um und Schiller wars. ›Bestellen Sie Champagner, wir suchen uns ein Plätzchen, wo es gemütlich ist‹ ... Auf der Stelle war der Tisch mit neun Champagnerflaschen, rotem und weißem, bepflanzt.« Schiller, Voß, Riemer, der Hauslehrer von Goethes Sohn, und der Schauspieler Becker widmeten sich dem Champagner, doch Charlotte Schiller sah es mit Sorge. »Unterdessen war die Schillern es überdrüssig geworden. Sie schickte nacheinander drei Abgesandte an Schiller, um ihn zu bitten, sie nach Hause zu begleiten. Das aber stand dem Schiller gar nicht an; er sagte: ›Man will mich durchaus fort haben, aber man soll durchaus seinen Willen nicht haben.‹ Da haben wir zusammengesessen bis gegen drei Uhr, um unsern Trinkkönig herum, den herrlichen Schiller.« Und Voß berichtete auch vom Ende des Gelages: »Wir tranken unsere neun Flaschen richtig aus, schwelgten in Wonne … Um drei Uhr gingen wir zu hause, und ich war Schillers, oder er mein Führer, denn als die kalte Luft uns anblies, hatten wir beide einen nötig.« Aber »Trinkkönig« Schiller büßte den vergnügten Abend, schrieb an Körner: » Leider ist meine Gesundheit so hinfällig, daß ich jeden freien Lebensgenuß gleich mit wochenlangem Leiden büßen muß.« Doch Voß konnte auch feststellen:»Noch jedes Mal wenn ich Schiller spreche, erinnert er sich mit Freude an den Abend, der ihn ganz in seine Jugendjahre versetzt habe.«

Im November hatte Weimar Grund zur Freude. Der Erbprinz hatte mit Maria Paulowna in Rußland eine Zarentochter geheiratet, was dem diplomatischen Geschick Wilhelm von Wolzogens zu verdanken war. Als das Paar an der Ilm eintraf, feierte man tagelang, wozu Schiller, da Goethe nichts eingefallen war, eine ›Huldigung der Künste‹ schrieb, um der Erbprinzessin zu huldigen, die er »einen guten Engel« nannte, worauf sie ihm einen Brillantring schenkte, den er aber bald versetzte, um die Hypotheken für sein Haus zu bezahlen.

Da von Wolzogen wieder zurück in Weimar war, war es auch seine Frau Caroline, die sich zusammen mit Lotte und Heinrich Voß um den kranken Schiller kümmerte. Der schrieb verzweifelt gegen die Krankheit an, wollte er doch seinem für die wenigen Lebensjahre immensen Werk unbedingt noch den ›Demetrius‹ hinzufügen, der aber unvollendet bleiben sollte. Diese Tragödie um den falschen Zaren, der glaubte, der richtige zu sein, aber plötzlich erfahren mußte, daß er selbst ein anderer war und darob zum Mörder der anderen wird, wäre womöglich Schillers bedeutendstes Werk geworden, weil in ihm auch die Ahnung einer zukünftigen Welt erzählt wird. Doch selbst vierzig Flaschen Portwein, die ihm Verleger Cotta zur Genesung schickte, vermochten es nicht mehr, seine Lebensgeister zu wecken.

191

Die ersten Frühlingstage im Jahr 1805 steckten sein Gemüt und den Körper noch einmal mit ein wenig Lebensfreude und Schaffenskraft an, und Schiller konnte einige Szenen des ›Demetrius‹ dichten. »Jetzt bin ich am Zuge«, meldete er optimistisch dem anderen Kranken von Weimar, Goethe, und Körner am 25. April: »Die bessere Jahreszeit bringt wieder Mut und Stimmung. Aber ich werde Mühe haben, die harten Stöße zu verwinden und ich fürchte, daß noch etwas davon zurückbleibt ... Indessen will ich mich ganz zufriedengeben, wenn mir nur Leben und leidliche Gesundheit bis zum 50. Jahr aushält.« Da blieben Schiller noch vierzehn Tage seines Lebens.

Am 1. Mai holt Caroline ihn in der Esplanade ab. Sie wollen gemeinsam ins Theater gehen, denn Schiller hat seit Tagen keine Schmerzen mehr. Das kennt er kaum noch. Man gibt das Konversationsstück ›Die unglückliche Ehe aus Delikatesse‹. Auf dem Weg zum Theater begegnet das Paar Goethe, der wieder leidlich gesund ist, sich aber noch schonen, nicht mitkommen will. Da die Zeit drängt, verabschieden sie sich flüchtig voneinander. »So schieden wir, um uns niemals wiederzusehen«, wird Goethe notieren.

Schiller und Caroline sitzen beieinander in seiner Loge. Doch schon während der Vorstellung meldet sich die Krankheit in seinem Körper zurück, das Fieber steigt. Nachdem der Vorhang gefallen ist, sucht wie gewohnt Voß den Dichter in der Loge auf und findet ihn so krank und schwach, daß er Mühe hat, ihn nach Hause zu führen. Man legt ihn ins Bett, bereitet einen Punsch, der aber kaum Wirkung zeitigt. Am folgenden Morgen sagt Schiller zu Voß. »Da liege ich wieder.«

Es blieben Schiller noch sieben Tage. Aufstehen wird er nicht mehr. Charlotte, Caroline, Voß und der Diener Gottlieb Rudolf wachten im Wechsel am Bett des Sterbenden, der ab und zu weinte und versuchte, mit Caroline ein Gespräch über die Tragödie zu führen und die Frage, wie sie in dem Menschen eine Kraft schaffen könnte, die über das gewöhnliche Leben hinausginge. So oft hatte er mit ihr, nicht mit Charlotte, über Fragen des Theaters und des Lebens sprechen können. Doch sie sah seine

Schwäche, wollte ihn schonen und brach das Gespräch ab. Von da an schwieg er. »Wenn mich niemand versteht und ich mich selber nicht mehr verstehe, so will ich lieber schweigen«, soll er ihr gesagt haben. Er schlief, wachte auf: »Ist das Eure Hölle, ist das Eurer Himmel?«, wollte die Sonne sehen: »Immer besser, immer heiterer«, dann schwieg er endgültig, stammelte nurmehr. Am 9. Mai trank er noch ein Glas Champagner. Der Atem stockte. Gegen Abend kurz vor sechs Uhr starb Friedrich Schiller.

*

»Die beiden Frauen sind außer sich«, stellte Friedrich Wilhelm Riemer fest. »Deren Schmerz ist tief«, erzählte Henriette Knebel ihrem Bruder, fügte hinzu: »Die Wolzogen ist viel heftiger.« Charlotte litt leise, gefaßt, sie wußte, wie krank Schiller gewesen war. Caroline hingegen konnte Trauer und Schmerz nicht verbergen.

Ein Leben ohne Schiller? Wie sollte das möglich sein für die beiden Frauen? Beide hatten sie ihn geliebt, jede auf ihre Weise. Charlotte wird sich den Kindern widmen. Das bleibt. Eines Tages wird sie ihre Erinnerungen an den Dichter und Ehemann aufschreiben. Und Caroline? Sie wird eine Biographie über den Dichter und Geliebten verfassen, ihn sich damit einverleiben, und hat so gegenüber ihrer Schwester das letzte Wort.

Bildnachweis

S. 8: Zeichnungen von Johann Christian Reinhart. Goethe Nationalmuseum, Weimar

S. 17: Ölportrait von Philipp Friedrich Hetsch. Schiller-Nationalmuseum, Marbach

S. 20: Pastellbild der Zeit. Schiller-Nationalmuseum, Marbach

S. 30/31: Bleistift- bzw. Silberstiftzeichnungen von Dora Stock. Schiller-Nationalmuseum, Marbach

S. 68: Charlotte von Lengefeld: Kupferstich nach einer Silberstiftzeichnung von Charlotte Albertine Ernestine von Stein. Schiller-Nationalmuseum, Marbach; Caroline von Beulwitz, geb. von Lengefeld: Pastellbild der Zeit von Ambron. Schiller-Nationalmuseum, Marbach

S. 119: Lithographie von François Legrand nach einem Gemälde von Wilhelm Wach. Schiller-Nationalmuseum, Marbach

S. 136: Charlotte Schiller: Öl auf Leinwand von Ludovike Simanowiz. Schiller-Nationalmuseum, Marbach; Friedrich Schiller: Gemälde mit Pastell- und Deckfarben von Ludovike Simanowiz. Schiller-Nationalmuseum, Marbach

S. 141: Ölgemälde (?) von Philipp Friedrich Hetsch. Stiftung Weimarer Klassik

S. 163: Ölgemälde von Johann August Friedrich Tischbein. Schiller-Nationalmuseum, Marbach

S. 187: Kreidezeichnung von Johann Gottfried Schadow. Staatliche Museen zu Berlin, Preußischer Kulturbesitz, Kupferstichkabinett; Photograph: Jörg P. Anders

Inhalt